LA CONJUGACIÓN FRANCESA

Reservados todos los derechos. El contenido de esta obra está protegido por la Ley, que establece penas de prisión y/o multas, además de las correspondientes indemnizaciones por daños y perjuicios, para quienes reprodujeren, plagiaren, distribuyeren o comunicaren públicamente, en todo o en parte, una obra literaria, artística o científica, o su transformación, interpretación o ejecución artística fijada en cualquier tipo de soporte o comunicada a través de cualquier medio, sin la preceptiva autorización.

© Hachette Livre (modelos verbos franceses
  y actualización francés-español)
© BIBLOGRAF, S.A.
Calabria, 108
08015 BARCELONA
e-mail: vox@vox.es
www.vox.es

Segunda edición
Reimpresión: junio de 1999

Impreso en España - Printed in Spain

ISBN: 84-8332-023-1
Depósito legal: B. 19.986-1999

Impreso por Romanyà Valls, S.A.
Verdaguer, 1
08786 Capellades (Barcelona)

AIMER (1)

INDICATIF

présent

j'	aim	e
tu	aim	es
il (elle)	aim	e
nous	aim	ons
vous	aim	ez
ils (elles)	aim	ent

passé composé

j'	ai	aimé
tu	as	aimé
il (elle)	a	aimé
nous	avons	aimé
vous	avez	aimé
ils (elles)	ont	aimé

imparfait

j'	aim	ais
tu	aim	ais
il (elle)	aim	ait
nous	aim	ions
vous	aim	iez
ils (elles)	aim	aient

plus-que-parfait

j'	avais	aimé
tu	avais	aimé
il (elle)	avait	aimé
nous	avions	aimé
vous	aviez	aimé
ils (elles)	avaient	aimé

passé simple

j'	aim	ai
tu	aim	as
il (elle)	aim	a
nous	aim	âmes
vous	aim	âtes
ils (elles)	aim	èrent

passé antérieur

j'	eus	aimé
tu	eus	aimé
il (elle)	eut	aimé
nous	eûmes	aimé
vous	eûtes	aimé
ils (elles)	eurent	aimé

futur

j'	aim	erai
tu	aim	eras
il (elle)	aim	era
nous	aim	erons
vous	aim	erez
ils (elles)	aim	eront

futur antérieur

j'	aurai	aimé
tu	auras	aimé
il (elle)	aura	aimé
nous	aurons	aimé
vous	aurez	aimé
ils (elles)	auront	aimé

IMPÉRATIF

présent

aim	e
aim	ons
aim	ez

passé

aie	aimé
ayons	aimé
ayez	aimé

SUBJONCTIF

présent

(que) j'	aim	e
(que) tu	aim	es
(qu') il (elle)	aim	e
(que) nous	aim	ions
(que) vous	aim	iez
(qu') ils (elles)	aim	ent

passé

(que) j'	aie	aimé
(que) tu	aies	aimé
(qu') il (elle)	ait	aimé
(que) nous	ayons	aimé
(que) vous	ayez	aimé
(qu') ils (elles)	aient	aimé

imparfait

(que) j'	aim	asse
(que) tu	aim	asses
(qu') il (elle)	aim	ât
(que) nous	aim	assions
(que) vous	aim	assiez
(qu') ils (elles)	aim	assent

plus-que-parfait

(que) j'	eusse	aimé
(que) tu	eusses	aimé
(qu') il (elle)	eût	aimé
(que) nous	eussions	aimé
(que) vous	eussiez	aimé
(qu') ils (elles)	eussent	aimé

CONDITIONNEL

présent

j'	aim	erais
tu	aim	erais
il (elle)	aim	erait
nous	aim	erions
vous	aim	eriez
ils (elles)	aim	eraient

passé 1ère forme

j'	aurais	aimé
tu	aurais	aimé
il (elle)	aurait	aimé
nous	aurions	aimé
vous	auriez	aimé
ils (elles)	auraient	aimé

passé 2ème forme

j'	eusse	aimé	nous	eussions	aimé
tu	eusses	aimé	vous	eussiez	aimé
il (elle)	eût	aimé	ils (elles)	eussent	aimé

INFINITIF

présent : aimer
passé : avoir aimé

PARTICIPE

présent : aimant
passé : aimé, e, ayant aimé

PLIER (2)

INDICATIF

présent

je	pli	e
tu	pli	es
il (elle)	pli	e
nous	pli	ons
vous	pli	ez
ils (elles)	pli	ent

passé composé

j'	ai	plié
tu	as	plié
il (elle)	a	plié
nous	avons	plié
vous	avez	plié
ils (elles)	ont	plié

imparfait

je	pli	ais
tu	pli	ais
il (elle)	pli	ait
nous	pli	ions
vous	pli	iez
ils (elles)	pli	aient

plus-que-parfait

j'	avais	plié
tu	avais	plié
il (elle)	avait	plié
nous	avions	plié
vous	aviez	plié
ils (elles)	avaient	plié

passé simple

je	pli	ai
tu	pli	as
il (elle)	pli	a
nous	pli	âmes
vous	pli	âtes
ils (elles)	pli	èrent

passé antérieur

j'	eus	plié
tu	eus	plié
il (elle)	eut	plié
nous	eûmes	plié
vous	eûtes	plié
ils (elles)	eurent	plié

futur

je	pli	erai
tu	pli	eras
il (elle)	pli	era
nous	pli	erons
vous	pli	erez
ils (elles)	pli	eront

futur antérieur

j'	aurai	plié
tu	auras	plié
il (elle)	aura	plié
nous	aurons	plié
vous	aurez	plié
ils (elles)	auront	plié

IMPÉRATIF

présent

pli	e
pli	ons
pli	ez

passé

aie	plié
ayons	plié
ayez	plié

SUBJONCTIF

présent

(que) je	pli	e
(que) tu	pli	es
(qu') il (elle)	pli	e
(que) nous	pli	ions
(que) vous	pli	iez
(qu') ils (elles)	pli	ent

passé

(que) j'	aie	plié
(que) tu	aies	plié
(qu') il (elle)	ait	plié
(que) nous	ayons	plié
(que) vous	ayez	plié
(qu') ils (elles)	aient	plié

imparfait

(que) je	pli	asse
(que) tu	pli	asses
(qu') il (elle)	pli	ât
(que) nous	pli	assions
(que) vous	pli	assiez
(qu') ils (elles)	pli	assent

plus-que-parfait

(que) j'	eusse	plié
(que) tu	eusses	plié
(qu') il (elle)	eût	plié
(que) nous	eussions	plié
(que) vous	eussiez	plié
(qu') ils (elles)	eussent	plié

CONDITIONNEL

présent

je	pli	erais
tu	pli	erais
il (elle)	pli	erait
nous	pli	erions
vous	pli	eriez
ils (elles)	pli	eraient

passé 1ère forme

j'	aurais	plié
tu	aurais	plié
il (elle)	aurait	plié
nous	aurions	plié
vous	auriez	plié
ils (elles)	auraient	plié

passé 2ème forme

j'	eusse	plié	nous	eussions	plié
tu	eusses	plié	vous	eussiez	plié
il (elle)	eût	plié	ils (elles)	eussent	plié

INFINITIF

présent : plier
passé : avoir plié

PARTICIPE

présent : pliant
passé : plié, e, ayant plié

FINIR

INDICATIF

présent

je	fin	is
tu	fin	is
il (elle)	fin	it
nous	fin	issons
vous	fin	issez
ils (elles)	fin	issent

passé composé

j'	ai	fini
tu	as	fini
il (elle)	a	fini
nous	avons	fini
vous	avez	fini
ils (elles)	ont	fini

imparfait

je	fin	issais
tu	fin	issais
il (elle)	fin	issait
nous	fin	issions
vous	fin	issiez
ils (elles)	fin	issaient

plus-que-parfait

j'	avais	fini
tu	avais	fini
il (elle)	avait	fini
nous	avions	fini
vous	aviez	fini
ils (elles)	avaient	fini

passé simple

je	fin	is
tu	fin	is
il (elle)	fin	it
nous	fin	îmes
vous	fin	îtes
ils (elles)	fin	irent

passé antérieur

j'	eus	fini
tu	eus	fini
il (elle)	eut	fini
nous	eûmes	fini
vous	eûtes	fini
ils (elles)	eurent	fini

futur

je	fin	irai
tu	fin	iras
il (elle)	fin	ira
nous	fin	irons
vous	fin	irez
ils (elles)	fin	iront

futur antérieur

j'	aurai	fini
tu	auras	fini
il (elle)	aura	fini
nous	aurons	fini
vous	aurez	fini
ils (elles)	auront	fini

IMPÉRATIF

présent

fin	is
fin	issons
fin	issez

passé

aie	fini
ayons	fini
ayez	fini

SUBJONCTIF

présent

(que) je	fin	isse
(que) tu	fin	isses
(qu') il (elle)	fin	isse
(que) nous	fin	issions
(que) vous	fin	issiez
(qu') ils (elles)	fin	issent

passé

(que) j'	aie	fini
(que) tu	aies	fini
(qu') il (elle)	ait	fini
(que) nous	ayons	fini
(que) vous	ayez	fini
(qu') ils (elles)	aient	fini

imparfait

(que) je	fin	isse
(que) tu	fin	isses
(qu') il (elle)	fin	ît
(que) nous	fin	issions
(que) vous	fin	issiez
(qu') ils (elles)	fin	issent

plus-que-parfait

(que) j'	eusse	fini
(que) tu	eusses	fini
(qu') il (elle)	eût	fini
(que) nous	eussions	fini
(que) vous	eussiez	fini
(qu') ils (elles)	eussent	fini

CONDITIONNEL

présent

je	fin	irais
tu	fin	irais
il (elle)	fin	irait
nous	fin	irions
vous	fin	iriez
ils (elles)	fin	iraient

passé 1ère forme

j'	aurais	fini
tu	aurais	fini
il (elle)	aurait	fini
nous	aurions	fini
vous	auriez	fini
ils (elles)	auraient	fini

passé 2ème forme

j'	eusse	fini	nous	eussions	fini
tu	eusses	fini	vous	eussiez	fini
il (elle)	eût	fini	ils (elles)	eussent	fini

INFINITIF

présent : finir
passé : avoir fini

PARTICIPE

présent : finissant
passé : fini, e, ayant fini

OFFRIR

INDICATIF

présent

j'	offr	e
tu	offr	es
il (elle)	offr	e
nous	offr	ons
vous	offr	ez
ils (elles)	offr	ent

passé composé

j'	ai	offert
tu	as	offert
il (elle)	a	offert
nous	avons	offert
vous	avez	offert
ils (elles)	ont	offert

imparfait

j'	offr	ais
tu	offr	ais
il (elle)	offr	ait
nous	offr	ions
vous	offr	iez
ils (elles)	offr	aient

plus-que-parfait

j'	avais	offert
tu	avais	offert
il (elle)	avait	offert
nous	avions	offert
vous	aviez	offert
ils (elles)	avaient	offert

passé simple

j'	offr	is
tu	offr	is
il (elle)	offr	it
nous	offr	îmes
vous	offr	îtes
ils (elles)	offr	irent

passé antérieur

j'	eus	offert
tu	eus	offert
il (elle)	eut	offert
nous	eûmes	offert
vous	eûtes	offert
ils (elles)	eurent	offert

futur

j'	offr	irai
tu	offr	iras
il (elle)	offr	ira
nous	offr	irons
vous	offr	irez
ils (elles)	offr	iront

futur antérieur

j'	aurai	offert
tu	auras	offert
il (elle)	aura	offert
nous	aurons	offert
vous	aurez	offert
ils (elles)	auront	offert

IMPÉRATIF

présent

offr	e
offr	ons
offr	ez

passé

aie	offert
ayons	offert
ayez	offert

SUBJONCTIF

présent

(que) j'	offr	e
(que) tu	offr	es
(qu') il (elle)	offr	e
(que) nous	offr	ions
(que) vous	offr	iez
(qu') ils (elles)	offr	ent

passé

(que) j'	aie	offert
(que) tu	aies	offert
(qu') il (elle)	ait	offert
(que) nous	ayons	offert
(que) vous	ayez	offert
(qu') ils (elles)	aient	offert

imparfait

(que) j'	offr	isse
(que) tu	offr	isses
(qu') il (elle)	offr	ît
(que) nous	offr	issions
(que) vous	offr	issiez
(qu') ils (elles)	offr	issent

plus-que-parfait

(que) j'	eusse	offert
(que) tu	eusses	offert
(qu') il (elle)	eût	offert
(que) nous	eussions	offert
(que) vous	eussiez	offert
(qu') ils (elles)	eussent	offert

CONDITIONNEL

présent

j'	offr	irais
tu	offr	irais
il (elle)	offr	irait
nous	offr	irions
vous	offr	iriez
ils (elles)	offr	iraient

passé 1ère forme

j'	aurais	offert
tu	aurais	offert
il (elle)	aurait	offert
nous	aurions	offert
vous	auriez	offert
ils (elles)	auraient	offert

passé 2ème forme

j'	eusse	offert	nous	eussions	offert
tu	eusses	offert	vous	eussiez	offert
il (elle)	eût	offert	ils (elles)	eussent	offert

INFINITIF

présent : offrir
passé : avoir offert

PARTICIPE

présent : offrant
passé : offert, e, ayant offert

RECEVOIR

INDICATIF

présent

je	re	çois
tu	re	çois
il (elle)	re	çoit
nous	re	cevons
vous	re	cevez
ils (elles)	re	çoivent

passé composé

j'	ai	reçu
tu	as	reçu
il (elle)	a	reçu
nous	avons	reçu
vous	avez	reçu
ils (elles)	ont	reçu

imparfait

je	re	cevais
tu	re	cevais
il (elle)	re	cevait
nous	re	cevions
vous	re	ceviez
ils (elles)	re	cevaient

plus-que-parfait

j'	avais	reçu
tu	avais	reçu
il (elle)	avait	reçu
nous	avions	reçu
vous	aviez	reçu
ils (elles)	avaient	reçu

passé simple

je	re	çus
tu	re	çus
il (elle)	re	çut
nous	re	çûmes
vous	re	çûtes
ils (elles)	re	çurent

passé antérieur

j'	eus	reçu
tu	eus	reçu
il (elle)	eut	reçu
nous	eûmes	reçu
vous	eûtes	reçu
ils (elles)	eurent	reçu

futur

je	re	cevrai
tu	re	cevras
il (elle)	re	cevra
nous	re	cevrons
vous	re	cevrez
ils (elles)	re	cevront

futur antérieur

j'	aurai	reçu
tu	auras	reçu
il (elle)	aura	reçu
nous	aurons	reçu
vous	aurez	reçu
ils (elles)	auront	reçu

IMPÉRATIF

présent

re	çois
re	cevons
re	cevez

passé

aie	reçu
ayons	reçu
ayez	reçu

SUBJONCTIF

présent

(que) je   re çoive
(que) tu   re çoives
(qu') il (elle)   re çoive
(que) nous   re cevions
(que) vous   re ceviez
(qu') ils (elles) re çoivent

passé

(que) j'   aie   reçu
(que) tu   aies   reçu
(qu') il (elle)   ait   reçu
(que) nous   ayons   reçu
(que) vous   ayez   reçu
(qu') ils (elles) aient   reçu

imparfait

(que) je   re çusse
(que) tu   re çusses
(qu') il (elle)   re çût
(que) nous   re çussions
(que) vous   re çussiez
(qu') ils (elles) re çussent

plus-que-parfait

(que) j'   eusse   reçu
(que) tu   eusses   reçu
(qu') il (elle)   eût   reçu
(que) nous   eussions reçu
(que) vous   eussiez reçu
(qu') ils (elles) eussent reçu

CONDITIONNEL

présent

je   re cevrais
tu   re cevrais
il (elle)   re cevrait
nous   re cevrions
vous   re cevriez
ils (elles) re cevraient

passé 1ère forme

j'   aurais   reçu
tu   aurais   reçu
il (elle)   aurait   reçu
nous   aurions reçu
vous   auriez   reçu
ils (elles) auraient reçu

passé 2ème forme

j'   eusse   reçu   nous   eussions reçu
tu   eusses reçu   vous   eussiez reçu
il (elle)   eût   reçu   ils (elles) eussent reçu

INFINITIF

présent : recevoir
passé : avoir reçu

PARTICIPE

présent : recevant
passé : reçu, e, ayant reçu

RENDRE (6)

INDICATIF

présent

je	rend	s
tu	rend	s
il (elle)	rend	
nous	rend	ons
vous	rend	ez
ils (elles)	rend	ent

passé composé

j'	ai	rendu
tu	as	rendu
il (elle)	a	rendu
nous	avons	rendu
vous	avez	rendu
ils (elles)	ont	rendu

imparfait

je	rend	ais
tu	rend	ais
il (elle)	rend	ait
nous	rend	ions
vous	rend	iez
ils (elles)	rend	aient

plus-que-parfait

j'	avais	rendu
tu	avais	rendu
il (elle)	avait	rendu
nous	avions	rendu
vous	aviez	rendu
ils (elles)	avaient	rendu

passé simple

je	rend	is
tu	rend	is
il (elle)	rend	it
nous	rend	îmes
vous	rend	îtes
ils (elles)	rend	irent

passé antérieur

j'	eus	rendu
tu	eus	rendu
il (elle)	eut	rendu
nous	eûmes	rendu
vous	eûtes	rendu
ils (elles)	eurent	rendu

futur

je	rend	rai
tu	rend	ras
il (elle)	rend	ra
nous	rend	rons
vous	rend	rez
ils (elles)	rend	ront

futur antérieur

j'	aurai	rendu
tu	auras	rendu
il (elle)	aura	rendu
nous	aurons	rendu
vous	aurez	rendu
ils (elles)	auront	rendu

IMPÉRATIF

présent

rend	s
rend	ons
rend	ez

passé

aie	rendu
ayons	rendu
ayez	rendu

SUBJONCTIF

présent

(que) je rend e
(que) tu rend es
(qu') il (elle) rend e
(que) nous rend ions
(que) vous rend iez
(qu') ils (elles) rend ent

passé

(que) j' aie rendu
(que) tu aies rendu
(qu') il (elle) ait rendu
(que) nous ayons rendu
(que) vous ayez rendu
(qu') ils (elles) aient rendu

imparfait

(que) je rend isse
(que) tu rend isses
(qu') il (elle) rend ît
(que) nous rend issions
(que) vous rend issiez
(qu') ils (elles) rend issent

plus-que-parfait

(que) j' eusse rendu
(que) tu eusses rendu
(qu') il (elle) eût rendu
(que) nous eussions rendu
(que) vous eussiez rendu
(qu') ils (elles) eussent rendu

CONDITIONNEL

présent

je rend rais
tu rend rais
il (elle) rend rait
nous rend rions
vous rend riez
ils (elles) rend raient

passé 1ère forme

j' aurais rendu
tu aurais rendu
il (elle) aurait rendu
nous aurions rendu
vous auriez rendu
ils (elles) auraient rendu

passé 2ème forme

j' eusse rendu
tu eusses rendu
il (elle) eût rendu
nous eussions rendu
vous eussiez rendu
ils (elles) eussent rendu

INFINITIF

présent : rendre
passé : avoir rendu

PARTICIPE

présent : rendant
passé : rendu, e, ayant rendu

ÊTRE

INDICATIF

présent
je	suis
tu	es
il (elle)	est
nous	sommes
vous	êtes
ils (elles)	sont

passé composé
j'	ai	été
tu	as	été
il (elle)	a	été
nous	avons	été
vous	avez	été
ils (elles)	ont	été

imparfait
j'	étais
tu	étais
il (elle)	était
nous	étions
vous	étiez
ils (elles)	étaient

plus-que-parfait
j'	avais	été
tu	avais	été
il (elle)	avait	été
nous	avions	été
vous	aviez	été
ils (elles)	avaient	été

passé simple
je	fus
tu	fus
il (elle)	fut
nous	fûmes
vous	fûtes
ils (elles)	furent

passé antérieur
j'	eus	été
tu	eus	été
il (elle)	eut	été
nous	eûmes	été
vous	eûtes	été
ils (elles)	eurent	été

futur
je	serai
tu	seras
il (elle)	sera
nous	serons
vous	serez
ils (elles)	seront

futur antérieur
j'	aurai	été
tu	auras	été
il (elle)	aura	été
nous	aurons	été
vous	aurez	été
ils (elles)	auront	été

IMPÉRATIF

présent
- sois
- soyons
- soyez

passé
- aie été
- ayons été
- ayez été

SUBJONCTIF

présent

(que) je sois
(que) tu sois
(qu') il (elle) soit
(que) nous soyons
(que) vous soyez
(qu') ils (elles) soient

passé

(que) j' aie été
(que) tu aies été
(qu') il (elle) ait été
(que) nous ayons été
(que) vous ayez été
(qu') ils (elles) aient été

imparfait

(que) je fusse
(que) tu fusses
(qu') il (elle) fût
(que) nous fussions
(que) vous fussiez
(qu') ils (elles) fussent

plus-que-parfait

(que) j' eusse été
(que) tu eusses été
(qu') il (elle) eût été
(que) nous eussions été
(que) vous eussiez été
(qu') ils (elles) eussent été

CONDITIONNEL

présent

je serais
tu serais
il (elle) serait
nous serions
vous seriez
ils (elles) seraient

passé 1ère forme

j' aurais été
tu aurais été
il (elle) aurait été
nous aurions été
vous auriez été
ils (elles) auraient été

passé 2ème forme

j' eusse été
tu eusses été
il (elle) eût été
nous eussions été
vous eussiez été
ils (elles) eussent été

INFINITIF

présent : être
passé : avoir été

PARTICIPE

présent : étant
passé : été (invariable), ayant été

AVOIR

INDICATIF

présent			*passé composé*		
j'	ai		j'	ai	eu
tu	as		tu	as	eu
il (elle)	a		il (elle)	a	eu
nous	avons		nous	avons	eu
vous	avez		vous	avez	eu
ils (elles)	ont		ils (elles)	ont	eu

imparfait			*plus-que-parfait*		
j'	avais		j'	avais	eu
tu	avais		tu	avais	eu
il (elle)	avait		il (elle)	avait	eu
nous	avions		nous	avions	eu
vous	aviez		vous	aviez	eu
ils (elles)	avaient		ils (elles)	avaient	eu

passé simple			*passé antérieur*		
j'	eus		j'	eus	eu
tu	eus		tu	eus	eu
il (elle)	eut		il (elle)	eut	eu
nous	eûmes		nous	eûmes	eu
vous	eûtes		vous	eûtes	eu
ils (elles)	eurent		ils (elles)	eurent	eu

futur			*futur antérieur*		
j'	aurai		j'	aurai	eu
tu	auras		tu	auras	eu
il (elle)	aura		il (elle)	aura	eu
nous	aurons		nous	aurons	eu
vous	aurez		vous	aurez	eu
ils (elles)	auront		ils (elles)	auront	eu

IMPÉRATIF

présent	*passé*	
aie	aie	eu
ayons	ayons	eu
ayez	ayez	eu

SUBJONCTIF

présent

(que) j'   aie
(que) tu   aies
(qu') il (elle) ait
(que) nous   ayons
(que) vous   ayez
(qu') ils (elles) aient

passé

(que) j'   aie   eu
(que) tu   aies   eu
(qu') il (elle) ait   eu
(que) nous   ayons   eu
(que) vous   ayez   eu
(qu') ils (elles) aient   eu

imparfait

(que) j'   eusse
(que) tu   eusses
(qu') il (elle) eût
(que) nous   eussions
(que) vous   eussiez
(qu') ils (elles) eussent

plus-que-parfait

(que) j'   eusse   eu
(que) tu   eusses   eu
(qu') il (elle) eût   eu
(que) nous   eussions eu
(que) vous   eussiez   eu
(qu') ils (elles) eussent eu

CONDITIONNEL

présent

j'   aurais
tu   aurais
il (elle) aurait
nous   aurions
vous   auriez
ils (elles) auraient

passé 1ère forme

j'   aurais   eu
tu   aurais   eu
il (elle) aurait   eu
nous   aurions   eu
vous   auriez   eu
ils (elles) auraient eu

passé 2ème forme

j'   eusse   eu
tu   eusses   eu
il (elle) eût   eu

nous   eussions eu
vous   eussiez   eu
ils (elles) eussent eu

INFINITIF

présent : avoir
passé : avoir eu

PARTICIPE

présent : ayant
passé : eu, eue, ayant eu

ALLER

INDICATIF

présent
je	vais
tu	vas
il (elle)	va
nous	allons
vous	allez
ils (elles)	vont

passé composé
je	suis	allé
tu	es	allé
il (elle)	est	allé(e)
nous	sommes	allés
vous	êtes	allés
ils (elles)	sont	allé(e)s

imparfait
j'	allais
tu	allais
il (elle)	allait
nous	allions
vous	alliez
ils (elles)	allaient

plus-que-parfait
j'	étais	allé
tu	étais	allé
il (elle)	était	allé(e)
nous	étions	allés
vous	étiez	allés
ils (elles)	étaient	allé(e)s

passé simple
j'	allai
tu	allas
il (elle)	alla
nous	allâmes
vous	allâtes
ils (elles)	allèrent

passé antérieur
je	fus	allé
tu	fus	allé
il (elle)	fut	allé(e)
nous	fûmes	allés
vous	fûtes	allés
ils (elles)	furent	allé(e)s

futur
j'	irai
tu	iras
il (elle)	ira
nous	irons
vous	irez
ils (elles)	iront

futur antérieur
je	serai	allé
tu	seras	allé
il (elle)	sera	allé(e)
nous	serons	allés
vous	serez	allés
ils (elles)	seront	allé(e)s

IMPÉRATIF

présent
- va
- allons
- allez

passé
sois	allé(e)
soyons	allé(e)s
soyez	allé(e)s

SUBJONCTIF

présent

(que) j'   aille
(que) tu   ailles
(qu') il (elle) aille
(que) nous   allions
(que) vous   alliez
(qu') ils (elles) aillent

passé

(que) je   sois   allé
(que) tu   sois   allé
(qu') il (elle) soit   allé(e)
(que) nous   soyons allés
(que) vous   soyez   allés
(qu') ils (elles) soient allé(e)s

imparfait

(que) j'   allass e
(que) tu   allass es
(qu') il (elle) all   ât
(que) nous   allass ions
(que) vous   allass iez
(qu') ils (elles) allass ent

plus-que-parfait

(que) je   fusse   allé
(que) tu   fusses   allé
(qu') il (elle) fût   allé(e)
(que) nous   fussions allés
(que) vous   fussiez   allés
(qu') ils (elles) fussent   allé(e)s

CONDITIONNEL

présent

j'   irais
tu   irais
il (elle)   irait
nous   irions
vous   iriez
ils (elles) iraient

passé 1ère forme

je   serais   allé
tu   serais   allé
il (elle)   serait   allé(e)
nous   serions   allés
vous   seriez   allés
ils (elles) seraient   allé(e)s

passé 2ème forme

je	fusse	allé	nous	fussions	allés
tu	fusses	allé	vous	fussiez	allés
il (elle)	fût	allé(e)	ils (elles)	fussent	allé(e)s

INFINITIF

présent : aller
passé : être allé

PARTICIPE

présent : allant
passé : allé, e, étant allé

FAIRE

INDICATIF

présent
je	fais
tu	fais
il (elle)	fait
nous	faisons
vous	faites
ils (elles)	font

passé composé
j'	ai	fait
tu	as	fait
il (elle)	a	fait
nous	avons	fait
vous	avez	fait
ils (elles)	ont	fait

imparfait
je	faisais
tu	faisais
il (elle)	faisait
nous	faisions
vous	faisiez
ils (elles)	faisaient

plus-que-parfait
j'	avais	fait
tu	avais	fait
il (elle)	avait	fait
nous	avions	fait
vous	aviez	fait
ils (elles)	avaient	fait

passé simple
je	fis
tu	fis
il (elle)	fit
nous	fîmes
vous	fîtes
ils (elles)	firent

passé antérifaitr
j'	eus	fait
tu	eus	fait
il (elle)	eut	fait
nous	eûmes	fait
vous	eûtes	fait
ils (elles)	eurent	fait

futur
je	ferai
tu	feras
il (elle)	fera
nous	ferons
vous	ferez
ils (elles)	feront

futur antérieur
j'	aurai	fait
tu	auras	fait
il (elle)	aura	fait
nous	aurons	fait
vous	aurez	fait
ils (elles)	auront	fait

IMPÉRATIF

présent
- fais
- faisons
- faisez

passé
aie	fait
ayons	fait
ayez	fait

SUBJONCTIF

présent

(que) je fasse
(que) tu fasses
(qu') il (elle) fasse
(que) nous fassions
(que) vous fassiez
(qu') ils (elles) fassent

passé

(que) j' aie fait
(que) tu aies fait
(qu') il (elle) ait fait
(que) nous ayons fait
(que) vous ayez fait
(qu') ils (elles) aient fait

imparfait

(que) je fisse
(que) tu fisses
(qu') il (elle) fît
(que) nous fissions
(que) vous fissiez
(qu') ils (elles) fissent

plus-que-parfait

(que) j' eusse fait
(que) tu eusses fait
(qu') il (elle) eût fait
(que) nous eussions fait
(que) vous eussiez fait
(qu') ils (elles) eussent fait

CONDITIONNEL

présent

je ferais
tu ferais
il (elle) ferait
nous ferions
vous feriez
ils (elles) feraient

passé 1ère forme

j' aurais fait
tu aurais fait
il (elle) aurait fait
nous aurions fait
vous auriez fait
ils (elles) auraient fait

passé 2ème forme

j' eusse fait
tu eusses fait
il (elle) eût fait
nous eussions fait
vous eussiez fait
ils (elles) eussent fait

INFINITIF

présent : faire
passé : avoir fait

PARTICIPE

présent : faisant
passé : fait, e, ayant fait

FORME PASSIVE : **ÊTRE AIMÉ**

INDICATIF

présent

je	suis	aimé
tu	es	aimé
il (elle)	est	aimé(e)
nous	sommes	aimés
vous	êtes	aimés
ils (elles)	sont	aimé(e)s

passé composé

j'	ai	été aimé
tu	as	été aimé
il (elle)	a	été aimé(e)
nous	avons	été aimés
vous	avez	été aimés
ils (elles)	ont	été aimé(e)s

imparfait

j'	étais	aimé
tu	étais	aimé
il (elle)	était	aimé(e)
nous	étions	aimés
vous	étiez	aimés
ils (elles)	étaient	aimé(e)s

plus-que-parfait

j'	avais	été aimé
tu	avais	été aimé
il (elle)	avait	été aimé(e)
nous	avions	été aimés
vous	aviez	été aimés
ils (elles)	avaient	été aimé(e)s

passé simple

je	fus	aimé
tu	fus	aimé
il (elle)	fut	aimé(e)
nous	fûmes	aimés
vous	fûtes	aimés
ils (elles)	furent	aimé(e)s

passé antérieur

j'	eus	été aimé
tu	eus	été aimé
il (elle)	eut	été aimé(e)
nous	eûmes	été aimés
vous	eûtes	été aimés
ils (elles)	eurent	été aimé(e)s

futur

je	serai	aimé
tu	seras	aimé
il (elle)	sera	aimé(e)
nous	serons	aimés
vous	serez	aimés
ils (elles)	seront	aimé(e)s

futur antérieur

j'	aurai	été aimé
tu	auras	été aimé
il (elle)	aura	été aimé(e)
nous	aurons	été aimés
vous	aurez	été aimés
ils (elles)	auront	été aimé(e)s

IMPÉRATIF

présent

sois	aimé(e)
soyons	aimé(e)s
soyez	aimé(e)s

passé

(inusité)

SUBJONCTIF

présent

(que) je	sois	aimé
(que) tu	sois	aimé
(qu') il (elle)	soit	aimé(e)
(que) nous	soyons	aimés
(que) vous	soyez	aimés
(qu') ils (elles)	soient	aimé(e)s

passé

(que) j'	aie	été aimé
(que) tu	aies	été aimé
(qu') il (elle)	ait	été aimé(e)
(que) nous	ayons	été aimés
(que) vous	ayez	été aimés
(qu') ils (elles)	aient	été aimé(e)s

imparfait

(que) je	fusse	aimé
(que) tu	fusses	aimé
(qu') il (elle)	fût	aimé(e)
(que) nous	fussions	aimés
(que) vous	fussiez	aimés
(qu') ils (elles)	fussent	aimé(e)s

plus-que-parfait

(que) j'	eusse	été aimé
(que) tu	eusses	été aimé
(qu') il (elle)	eût	été aimé(e)
(que) nous	eussions	été aimés
(que) vous	eussiez	été aimés
(qu') ils (elles)	eussent	été aimé(e)s

CONDITIONNEL

présent

je	serais	aimé
tu	serais	aimé
il (elle)	serait	aimé(e)
nous	serions	aimés
vous	seriez	aimés
ils (elles)	seraient	aimé(e)s

passé 1ère forme

j'	aurais	été aimé
tu	aurais	été aimé
il (elle)	aurait	été aimé(e)
nous	aurions	été aimés
vous	auriez	été aimés
ils (elles)	auraient	été aimé(e)s

passé 2ème forme

j'	eusse	été aimé	nous	eussions	été aimés
tu	eusses	été aimé	vous	eussiez	été aimés
il (elle)	eût	été aimé(e)	ils (elles)	eussent	été aimé(e)s

INFINITIF

présent : être aimé(e)
passé : avoir été aimé(e)

PARTICIPE

présent : étant aimé(e)
passé : été aimé, ayant été aimé(e)

FORME PRONOMINALE : **S'ADONNER**

INDICATIF

présent

je m'   adonne
tu t'   adonnes
il (elle) s' adonne
nous nous   adonnons
vous vous   adonnez
ils (elles) s' adonnent

passé composé

je me   suis   adonné
tu t'   es   adonné
il (elle) s' est   adonné(e)
nous nous   sommes adonnés
vous vous   êtes   adonnés
ils (elles) se sont   adonné(e)s

imparfait

je m'   adonnais
tu t'   adonnais
il (elle) s' adonnait
nous nous   adonnions
vous vous   adonniez
ils (elles) s' adonnaient

plus-que-parfait

je m'   étais   adonné
tu t'   étais   adonné
il (elle) s' était   adonné(e)
nous nous   étions adonnés
vous vous   étiez   adonnés
ils (elles) s' étaient adonné(e)s

passé simple

je m'   adonnai
tu t'   adonnas
il (elle) s' adonna
nous nous   adonnâmes
vous vous   adonnâtes
ils (elles) s' adonnèrent

passé antérifaitr

je me   fus   adonné
tu te   fus   adonné
il (elle) se fut   adonné(e)
nous nous   fûmes adonnés
vous vous   fûtes adonnés
ils (elles) se furent adonné(e)s

futur

je m'   adonnerai
tu t'   adonneras
il (elle) s' adonnera
nous nous   adonnerons
vous vous   adonnerez
ils (elles) s' adonneront

futur antérieur

je me   serai   adonné
tu te   seras   adonné
il (elle) se sera   adonné(e)
nous nous   serons adonnés
vous vous   serez   adonnés
ils (elles) se seront adonné(e)s

IMPÉRATIF

présent

adonne-toi
adonnons-nous
adonnez-vous

passé

(inusité)

SUBJONCTIF

présent

(que) je m'   adonne
(que) tu t'   adonnes
(qu') il (elle) s'   adonne
(que) nous nous   adonnions
(que) vous vous   adonniez
(qu') ils (elles) s' adonnent

passé

(que) je me   sois adonné
(que) tu te   sois adonné
(qu') il (elle) se   soit adonné(e)
(que) nous nous   soyons adonnés
(que) vous vous   soyez adonnés
(qu') ils (elles) se soient adonné(e)s

imparfait

(que) je m'   adonnasse
(que) tu t'   adonnasses
(qu') il (elle) s'   adonnât
(que) nous nous   adonnassions
(que) vous vous   adonnassiez
(qu') ils (elles) s' adonnassent

plus-que-parfait

(que) je me   fusse adonné
(que) tu te   fusses adonné
(qu') il (elle) se   fût adonné(e)
(que) nous nous   fussions adonnés
(que) vous vous   fussiez adonnés
(qu') ils (elles) se fussent adonné(e)s

CONDITIONNEL

présent

je m'   adonnerais
tu t'   adonnerais
il (elle) s'   adonnerait
nous nous   adonnerions
vous vous   adonneriez
ils (elles) s' adonneraient

passé 1ère forme

je me   serais adonné
tu te   serais adonné
il (elle) se   serait adonné(e)
nous nous   serions adonnés
vous vous   seriez adonnés
ils (elles) se seraient adonné(e)s

passé 2ème forme

je me   fusse adonné
tu te   fusses adonné
il (elle) se   fût adonné(e)
nous nous   fussions adonnés
vous vous   fussiez adonnés
ils (elles) se fussent adonné(e)s

INFINITIF

présent : s'adonner
passé : s'être adonné(e)

PARTICIPE

présent : s'adonnant
passé : s'étant adonné(e)

FORMES SURCOMPOSÉES

INDICATIF

passé composé

j'	ai	eu aimé
tu	as	eu aimé
il (elle)	a	eu aimé
nous	avons	eu aimé
vous	avez	eu aimé
ils (elles)	ont	eu aimé

passé antérieur

j'	eus	eu aimé
tu	eus	eu aimé
il (elle)	eut	eu aimé
nous	eûmes	eu aimé
vous	eûtes	eu aimé
ils (elles)	eurent	eu aimé

plus-que-parfait

j'	avais	eu aimé
tu	avais	eu aimé
il (elle)	avait	eu aimé
nous	avions	eu aimé
vous	aviez	eu aimé
ils (elles)	avaient	eu aimé

futur antérieur

j'	aurai	eu aimé
tu	auras	eu aimé
il (elle)	aura	eu aimé
nous	aurons	eu aimé
vous	aurez	eu aimé
ils (elles)	auront	eu aimé

SUBJONCTIF

passé

(que) j'	aie	eu aimé
(que) tu	aies	eu aimé
(qu') il (elle)	ait	eu aimé
(que) nous	ayons	eu aimé
(que) vous	ayez	eu aimé
(qu') ils (elles)	aient	eu aimé

plus-que-parfait

(que) j'	eusse	eu aimé
(que) tu	eusses	eu aimé
(qu') il (elle)	eût	eu aimé
(que) nous	eussions	eu aimé
(que) vous	eussiez	eu aimé
(qu') ils (elles)	eussent	eu aimé

CONDITIONNEL

passé 1ère forme

j'	aurais	eu aimé
tu	aurais	eu aimé
il (elle)	aurait	eu aimé
nous	aurions	eu aimé
vous	auriez	eu aimé
ils (elles)	auraient	eu aimé

passé 2ème forme

j'	eusse	eu aimé
tu	eusses	eu aimé
il (elle)	eût	eu aimé
nous	eussions	eu aimé
vous	eussiez	eu aimé
ils (elles)	eussent	eu aimé

INFINITIF

passé : avoir eu aimé

PARTICIPE

passé : ayant eu aimé

11. CRÉER

INDICATIF

Présent : je crée, tu crées, il crée,
nous créons, vous créez, ils créent
Imparfait : je créais, tu créais, il créait,
nous créions, vous créiez, ils créaient
Passé simple : je créai, tu créas, il créa,
nous créâmes, vous créâtes, ils créèrent
Futur simple : je créerai, tu créeras, il créera,
nous créerons, vous créerez, ils créeront

SUBJONCTIF

Présent : que je crée, que tu crées, qu'il crée,
que nous créions, que vous créiez, qu'ils créent
Imparfait : que je créasse, que tu créasses, qu'il créât,
que nous créassions, que vous créassiez, qu'ils créassent

IMPÉRATIF

Présent : crée, créons, créez

CONDITIONNEL

Présent : je créerais, tu créerais, il créerait,
nous créerions, vous créeriez, ils créeraient

PARTICIPE

Présent : créant
Passé : créé, créée

12. PLACER

INDICATIF

Présent : je place, tu places, il place,
nous plaçons, vous placez, ils placent
Imparfait : je plaçais, tu plaçais, il plaçait,
nous placions, vous placiez, ils plaçaient

Passé simple : je plaçai, tu plaças, il plaça,
nous plaçâmes, vous plaçâtes, ils placèrent
Futur simple : je placerai, tu placeras, il placera,
nous placerons, vous placerez, ils placeront

SUBJONCTIF

Présent : que je place, que tu places, qu'il place,
que nous placions, que vous placiez, qu'ils placent
Imparfait : que je plaçasse, que tu plaçasses, qu'il plaçât,
que nous plaçassions, que vous plaçassiez, qu'ils plaçassent

IMPÉRATIF

Présent : place, plaçons, placez

CONDITIONNEL

Présent : je placerais, tu placerais, il placerait,
nous placerions, vous placeriez, ils placeraient

PARTICIPE

Présent : plaçant
Passé : placé, placée

MANGER (13)

INDICATIF

Présent : je mange, tu manges, il mange,
nous mangeons, vous mangez, ils mangent
Imparfait : je mangeais, tu mangeais, il mangeait,
nous mangions, vous mangiez, ils mangeaient
Passé simple : je mangeai, tu mangeas, il mangea,
nous mangeâmes, vous mangeâtes, ils mangèrent
Futur simple : je mangerai, tu mangeras, il mangera,
nous mangerons, vous mangerez, ils mangeront

SUBJONCTIF

Présent : que je mange, que tu manges, qu'il mange,
que nous mangions, que vous mangiez, qu'ils mangent

Imparfait : que je mangeasse, que tu mangeasses, qu'il mangeât,
que nous mangeassions, que vous mangeassiez,
qu'ils mangeassent

IMPÉRATIF

Présent : mange, mangeons, mangez

CONDITIONNEL

Présent : je mangerais, tu mangerais, il mangerait,
nous mangerions, vous mangeriez, ils mangeraient

PARTICIPE

Présent : mangeant
Passé : mangé, mangée

CÉDER

INDICATIF

Présent : je cède, tu cèdes, il cède,
nous cédons, vous cédez, ils cèdent

Imparfait : je cédais, tu cédais, il cédait,
nous cédions, vous cédiez, ils cédaient

Passé simple : je cédai, tu cédas, il céda,
nous cédâmes, vous cédâtes, ils cédèrent

Futur simple : je céderai, tu céderas, il cédera,
nous céderons, vous céderez, ils céderont

SUBJONCTIF

Présent : que je cède, que tu cèdes, qu'il cède,
que nous cédions, que vous cédiez, qu'ils cèdent

Imparfait : que je cédasse, que tu cédasses, qu'il cédât,
que nous cédassions, que vous cédassiez, qu'ils cédassent

IMPÉRATIF

Présent : cède, cédons, cédez

CONDITIONNEL

Présent : je céderais, tu céderais, il céderait,
nous céderions, vous céderiez, ils céderaient

PARTICIPE

Présent : cédant
Passé : cédé, cédée

ASSIÉGER

INDICATIF

Présent : j'assiège, tu assièges, il assiège,
nous assiégeons, vous assiégez, ils assiègent
Imparfait : j'assiégeais, tu assiégeais, il assiégeait,
nous assiégions, vous assiégiez, ils assiégeaient
Passé simple : j'assiégeai, tu assiégeas, il assiégea,
nous assiégeâmes, vous assiégeâtes, ils assiégèrent
Futur simple : j'assiégerai, tu assiégeras, il assiégera,
nous assiégerons, vous assiégerez, ils assiégeront

SUBJONCTIF

Présent : que j'assiège, que tu assièges, qu'il assiège,
que nous assiégions, que vous assiégiez, qu'ils assiègent
Imparfait : que j'assiégeasse, que tu assiégeasses, qu'il assiégeât,
que nous assiégeassions, que vous assiégeassiez,
qu'ils assiégeassent

IMPÉRATIF

Présent : assiège, assiégeons, assiégez

CONDITIONNEL

Présent : j'assiégerais, tu assiégerais, il assiégerait,
nous assiégerions, vous assiégeriez, ils assiégeraient

PARTICIPE

Présent : assiégeant
Passé : assiégé, assiégée

LEVER

INDICATIF

Présent : je lève, tu lèves, il lève,
nous levons, vous levez, ils lèvent

Imparfait : je levais, tu levais, il levait,
nous levions, vous leviez, ils levaient

Passé simple : je levai, tu levas, il leva,
nous levâmes, vous levâtes, ils levèrent

Futur simple : je lèverai, tu lèveras, il lèvera,
nous lèverons, vous lèverez, ils lèveront

SUBJONCTIF

Présent : que je lève, que tu lèves, qu'il lève,
que nous levions, que vous leviez, qu'ils lèvent

Imparfait : que je levasse, que tu levasses, qu'il levât,
que nous levassions, que vous levassiez, qu'ils levassent

IMPÉRATIF

Présent : lève, levons, levez

CONDITIONNEL

Présent : je lèverais, tu lèverais, il lèverait,
nous lèverions, vous lèveriez, ils lèveraient

PARTICIPE

Présent : levant
Passé : levé, levée

GELER

INDICATIF

Présent : je gèle, tu gèles, il gèle,
nous gelons, vous gelez, ils gèlent
Imparfait : je gelais, tu gelais, il gelait,
nous gelions, vous geliez, ils gelaient
Passé simple : je gelai, tu gelas, il gela,
nous gelâmes, vous gelâtes, ils gelèrent
Futur simple : je gèlerai, tu gèleras, il gèlera,
nous gèlerons, vous gèlerez, ils gèleront

SUBJONCTIF

Présent : que je gèle, que tu gèles, qu'il gèle,
que nous gelions, que vous geliez, qu'ils gèlent
Imparfait : que je gelasse, que tu gelasses, qu'il gelât,
que nous gelassions, que vous gelassiez, qu'ils gelassent

IMPÉRATIF

Présent : gèle, gelons, gelez

CONDITIONNEL

Présent : je gèlerais, tu gèlerais, il gèlerait,
nous gèlerions, vous gèleriez, ils gèleraient

PARTICIPE

Présent : gelant
Passé : gelé, gelée

(18) ACHETER

INDICATIF

Présent : j'achète, tu achètes, il achète,
nous achetons, vous achetez, ils achètent

Imparfait : j'achetais, tu achetais, il achetait,
nous achetions, vous achetiez, ils achetaient

Passé simple : j'achetai, tu achetas, il acheta,
nous achetâmes, vous achetâtes, ils achetèrent

Futur simple : j'achèterai, tu achèteras, il achètera,
nous achèterons, vous achèterez, ils achèteront

SUBJONCTIF

Présent : que j'achète, que tu achètes, qu'il achète,
que nous achetions, que vous achetiez, qu'ils achètent

Imparfait : que j'achetasse, que tu achetasses, qu'il achetât,
que nous achetassions, que vous achetassiez,
qu'ils achetassent

IMPÉRATIF

Présent : achète, achetons, achetez

CONDITIONNEL

Présent : j'achèterais, tu achèterais, il achèterait,
nous achèterions, vous achèteriez, ils achèteraient

PARTICIPE

Présent : achetant
Passé : acheté, achetée

(19) APPELER

INDICATIF

Présent : j'appelle, tu appelles, il appelle,
nous appelons, vous appelez, ils appellent

Imparfait : j'appelais, tu appelais, il appelait,
nous appelions, vous appeliez, ils appelaient
Passé simple : j'appelai, tu appelas, il appela,
nous appelâmes, vous appelâtes, ils appelèrent
Futur simple : j'appellerai, tu appelleras, il appellera,
nous appellerons, vous appellerez, ils appelleront

SUBJONCTIF

Présent : que j'appelle, que tu appelles, qu'il appelle,
que nous appelions, que vous appeliez, qu'ils appellent
Imparfait : que j'appelasse, que tu appelasses, qu'il appelât,
que nous appelassions, que vous appelassiez,
qu'ils appelassent

IMPÉRATIF

Présent : appelle, appelons, appelez

CONDITIONNEL

Présent : j'appellerais, tu appellerais, il appellerait,
nous appellerions, vous appelleriez, ils appelleraient

PARTICIPE

Présent : appelant
Passé : appelé, appelée

JETER 20

INDICATIF

Présent : je jette, tu jettes, il jette,
nous jetons, vous jetez, ils jettent
Imparfait : je jetais, tu jetais, il jetait,
nous jetions, vous jetiez, ils jetaient
Passé simple : je jetai, tu jetas, il jeta,
nous jetâmes, vous jetâtes, ils jetèrent
Futur simple : je jetterai, tu jetteras, il jettera,
nous jetterons, vous jetterez, ils jetteront

SUBJONCTIF

Présent : que je jette, que tu jettes, qu'il jette,
que nous jetions, que vous jetiez, qu'ils jettent

Imparfait : que je jetasse, que tu jetasses, qu'il jetât,
que nous jetassions, que vous jetassiez, qu'ils jetassent

IMPÉRATIF

Présent : jette, jetons, jetez

CONDITIONNEL

Présent : je jetterais, tu jetterais, il jetterait,
nous jetterions, vous jetteriez, ils jetteraient

PARTICIPE

Présent : jetant
Passé : jeté, jetée

21 PAYER

INDICATIF

Présent : je paye, tu payes, il paye,
nous payons, vous payez, ils payent ou, je paie, tu paies,
il paie, nous payons, vous payez, ils paient

Imparfait : je payais, tu payais, il payait,
nous payions, vous payiez, ils payaient

Passé simple : je payai, tu payas, il paya,
nous payâmes, vous payâtes, ils payèrent

Futur simple : je payerai, tu payeras, il payera, nous payerons,
vous payerez, ils payeront, ou, je paierai, tu paieras,
il paiera, nous paierons, vous paierez, ils paieront

SUBJONCTIF

Présent : que je paye, que tu payes, qu'il paye,
que nous payions, que vous payiez, qu'ils payent, ou,
que je paie, que tu paies, qu'il paie,
que nous payions, que vous payiez, qu'ils paient

Imparfait : que je payasse, que tu payasses, qu'il payât,
que nous payassions, que vous payassiez, qu'ils payassent

IMPÉRATIF

Présent : paye ou paie, payons, payez

CONDITIONNEL

Présent : je payerais, tu payerais, il payerait,
nous payerions, vous payeriez, ils payeraient, ou,
je paierais, tu paierais, il paierait,
nous paierions, vous paieriez, ils paieraient

PARTICIPE

Présent : payant
Passé : payé, payée

ESSUYER

INDICATIF

Présent : j'essuie, tu essuies, il essuie,
nous essuyons, vous essuyez, ils essuient
Imparfait : j'essuyais, tu essuyais, il essuyait,
nous essuyions, vous essuyiez, ils essuyaient
Passé simple : j'essuyai, tu essuyas, il essuya,
nous essuyâmes, vous essuyâtes, ils essuyèrent
Futur simple : j'essuierai, tu essuieras, il essuiera,
nous essuierons, vous essuierez, ils essuieront

SUBJONCTIF

Présent : que j'essuie, que tu essuies, qu'il essuie,
que nous essuyions, que vous essuyiez, qu'ils essuient
Imparfait : que j'essuyasse, que tu essuyasses, qu'il essuyât,
que nous essuyassions, que vous essuyassiez,
qu'ils essuyassent

IMPÉRATIF

Présent : essuie, essuyons, essuyez

CONDITIONNEL

Présent : j'essuierais, tu essuierais, il essuierait,
nous essuierions, vous essuieriez, ils essuieraient

PARTICIPE

Présent : essuyant
Passé : essuyé, essuyée

23 EMPLOYER

INDICATIF

Présent : j'emploie, tu emploies, il emploie,
nous employons, vous employez, ils emploient
Imparfait : j'employais, tu employais, il employait,
nous employions, vous employiez, ils employaient
Passé simple : j'employai, tu employas, il employa,
nous employâmes, vous employâtes, ils employèrent
Futur simple : j'emploierai, tu emploieras, il emploiera,
nous emploierons, vous emploierez, ils emploieront

SUBJONCTIF

Présent : que j'emploie, que tu emploies, qu'il emploie,
que nous employions, que vous employiez,
qu'ils emploient
Imparfait : que j'employasse, que tu employasses, qu'il employât,
que nous employassions, que vous employassiez,
qu'ils employassent

IMPÉRATIF

Présent : emploie, employons, employez

CONDITIONNEL

Présent : j'emploierais, tu emploierais, il emploierait,
nous emploierions, vous emploieriez, ils emploieraient

PARTICIPE

Présent : employant
Passé : employé, employée

ENVOYER

INDICATIF

Présent : j'envoie, tu envoies, il envoie,
nous envoyons, vous envoyez, ils envoient

Imparfait : j'envoyais, tu envoyais, il envoyait,
nous envoyions, vous envoyiez, ils envoyaient

Passé simple : j'envoyai, tu envoyas, il envoya,
nous envoyâmes, vous envoyâtes, ils envoyèrent

Futur simple : j'enverrai, tu enverras, il enverra,
nous enverrons, vous enverrez, ils enverront

SUBJONCTIF

Présent : que j'envoie, que tu envoies, qu'il envoie,
que nous envoyions, que vous envoyiez, qu'ils envoient

Imparfait : que j'envoyasse, que tu envoyasses, qu'il envoyât,
que nous envoyassions, que vous envoyassiez,
qu'ils envoyassent

IMPÉRATIF

Présent : envoie, envoyons, envoyez

CONDITIONNEL

Présent : j'enverrais, tu enverrais, il enverrait,
nous enverrions, vous enverriez, ils enverraient

PARTICIPE

Présent : envoyant
Passé : envoyé, envoyée

 ## HAÏR

INDICATIF

Présent : je hais, tu hais, il hait,
nous haïssons, vous haïssez, ils haïssent
Imparfait : je haïssais, tu haïssais, il haïssait,
nous haïssions, vous haïssiez, ils haïssaient
Passé simple : je haïs, tu haïs, il haït,
nous haïmes, vous haïtes, ils haïrent
Futur simple : je haïrai, tu haïras, il haïra,
nous haïrons, vous haïrez, ils haïront

SUBJONCTIF

Présent : que je haïsse, que tu haïsses, qu'il haïsse,
que nous haïssions, que vous haïssiez, qu'ils haïssent
Imparfait : que je haïsse, que tu haïsses, qu'il haït,
que nous haïssions, que vous haïssiez, qu'ils haïssent

IMPÉRATIF

Présent : hais, haïssons, haïssez

CONDITIONNEL

Présent : je haïrais, tu haïrais, il haïrait,
nous haïrions, vous haïriez, ils haïraient

PARTICIPE

Présent : haïssant
Passé : haï, haïe

COURIR

INDICATIF

Présent : je cours, tu cours, il court,
nous courons, vous courez, ils courent

Imparfait : je courais, tu courais, il courait,
nous courions, vous couriez, ils couraient

Passé simple : je courus, tu courus, il courut,
nous courûmes, vous courûtes, ils coururent

Futur simple : je courrai, tu courras, il courra,
nous courrons, vous courrez, ils courront

SUBJONCTIF

Présent : que je coure, que tu coures, qu'il coure,
que nous courions, que vous couriez, qu'ils courent

Imparfait : que je courusse, que tu courusses, qu'il courût,
que nous courussions, que vous courussiez,
qu'ils courussent

IMPÉRATIF

Présent : cours, courons, courez

CONDITIONNEL

Présent : je courrais, tu courrais, il courrait,
nous courrions, vous courriez, ils courraient

PARTICIPE

Présent : courant
Passé : couru, courue

CUEILLIR

INDICATIF

Présent : je cueille, tu cueilles, il cueille,
nous cueillons, vous cueillez, ils cueillent

Imparfait :	je cueillais, tu cueillais, il cueillait, nous cueillions, vous cueilliez, ils cueillaient
Passé simple :	je cueillis, tu cueillis, il cueillit, nous cueillîmes, vous cueillîtes, ils cueillirent
Futur simple :	je cueillerai, tu cueilleras, il cueillera, nous cueillerons, vous cueillerez, ils cueilleront

SUBJONCTIF

Présent :	que je cueille, que tu cueilles, qu'il cueille, que nous cueillions, que vous cueilliez, qu'ils cueillent
Imparfait :	que je cueillisse, que tu cueillisses, qu'il cueillît, que nous cueillissions, que vous cueillissiez, qu'ils cueillissent

IMPÉRATIF

Présent : cueille, cueillons, cueillez

CONDITIONNEL

Présent : je cueillerais, tu cueillerais, il cueillerait,
nous cueillerions, vous cueilleriez, ils cueilleraient

PARTICIPE

Présent : cueillant
Passé : cueilli, cueillie

28 ASSAILLIR

INDICATIF

Présent :	j'assaille, tu assailles, il assaille, nous assaillons, vous assaillez, ils assaillent
Imparfait :	j'assaillais, tu assaillais, il assaillait, nous assaillions, vous assailliez, ils assaillaient
Passé simple :	j'assaillis, tu assaillis, il assaillit, nous assaillîmes, vous assaillîtes, ils assaillirent
Futur simple :	j'assaillirai, tu assailliras, il assaillira, nous assaillirons, vous assaillirez, ils assailliront

SUBJONCTIF

Présent : que j'assaille, que tu assailles, qu'il assaille,
que nous assaillions, que vous assailliez, qu'ils assaillent
Imparfait : que j'assaillisse, que tu assaillisses, qu'il assaillît,
que nous assaillissions, que vous assaillissiez,
qu'ils assaillissent

IMPÉRATIF

Présent : assaille, assaillons, assaillez

CONDITIONNEL

Présent : j'assaillirais, tu assaillirais, il assaillirait,
nous assaillirions, vous assailliriez, ils assailliraient

PARTICIPE

Présent : assaillant
Passé : assailli, assaillie

FUIR

INDICATIF

Présent : je fuis, tu fuis, il fuit,
nous fuyons, vous fuyez, ils fuient
Imparfait : je fuyais, tu fuyais, il fuyait,
nous fuyions, vous fuyiez, ils fuyaient
Passé simple : je fuis, tu fuis, il fuit,
nous fuîmes, vous fuîtes, ils fuirent
Futur simple : je fuirai, tu fuiras, il fuira,
nous fuirons, vous fuirez, ils fuiront

SUBJONCTIF

Présent : que je fuie, que tu fuies, qu'il fuie,
que nous fuyions, que vous fuyiez, qu'ils fuient
Imparfait : que je fuisse, que tu fuisses, qu'il fuît,
que nous fuissions, que vous fuissiez, qu'ils fuissent

IMPÉRATIF

Présent : fuis, fuyons, fuyez

CONDITIONNEL

Présent : je fuirais, tu fuirais, il fuirait,
nous fuirions, vous fuiriez, ils fuiraient

PARTICIPE

Présent : fuyant
Passé : fui, fuie

30 PARTIR

INDICATIF

Présent : je pars, tu pars, il part,
nous partons, vous partez, ils partent
Imparfait : je partais, tu partais, il partait,
nous partions, vous partiez, ils partaient
Passé simple : je partis, tu partis, il partit,
nous partîmes, vous partîtes, ils partirent
Futur simple : je partirai, tu partiras, il partira,
nous partirons, vous partirez, ils partiront

SUBJONCTIF

Présent : que je parte, que tu partes, qu'il parte,
que nous partions, que vous partiez, qu'ils partent
Imparfait : que je partisse, que tu partisses, qu'il partît,
que nous partissions, que vous partissiez, qu'ils partissent

IMPÉRATIF

Présent : pars, partons, partez

CONDITIONNEL

Présent : je partirais, tu partirais, il partirait,
nous partirions, vous partiriez, ils partiraient

PARTICIPE

Présent : partant
Passé : parti, partie

BOULLIR

INDICATIF

Présent : je bous, tu bous, il bout,
nous bouillons, vous bouillez, ils bouillent
Imparfait : je bouillais, tu bouillais, il bouillait,
nous bouillions, vous bouilliez, ils bouillaient
Passé simple : je bouillis, tu bouillis, il bouillit,
nous bouillîmes, vous bouillîtes, ils bouillirent
Futur simple : je bouillirai, tu bouilliras, il bouillira,
nous bouillirons, vous bouillirez, ils bouilliront

SUBJONCTIF

Présent : que je bouille, que tu bouilles, qu'il bouille,
que nous bouillions, que vous bouilliez, qu'ils bouillent
Imparfait : que je bouillisse, que tu bouillisses, qu'il bouillît,
que nous bouillissions, que vous bouillissiez,
qu'ils bouillissent

IMPÉRATIF

Présent : bous, bouillons, bouillez

CONDITIONNEL

Présent : je bouillirais, tu bouillirais, il bouillirait,
nous bouillirions, vous bouilliriez, ils bouilliraient

PARTICIPE

Présent : bouillant
Passé : bouilli, bouillie

32 COUVRIR

INDICATIF

Présent : je couvre, tu couvres, il couvre,
nous couvrons, vous couvrez, ils couvrent

Imparfait : je couvrais, tu couvrais, il couvrait,
nous couvrions, vous couvriez, ils couvraient

Passé simple : je couvris, tu couvris, il couvrit,
nous couvrîmes, vous couvrîtes, ils couvrirent

Futur simple : je couvrirai, tu couvriras, il couvrira,
nous couvrirons, vous couvrirez, ils couvriront

SUBJONCTIF

Présent : que je couvre, que tu couvres, qu'il couvre,
que nous couvrions, que vous couvriez, qu'ils couvrent

Imparfait : que je couvrisse, que tu couvrisses, qu'il couvrît,
que nous couvrissions, que vous couvrissiez,
qu'ils couvrissent

IMPÉRATIF

Présent : couvre, couvrons, couvrez

CONDITIONNEL

Présent : je couvrirais, tu couvrirais, il couvrirait,
nous couvririons, vous couvririez, ils couvriraient

PARTICIPE

Présent : couvrant
Passé : couvert, couverte

33 VÊTIR

INDICATIF

Présent : je vêts, tu vêts, il vêt,
nous vêtons, vous vêtez, ils vêtent

Imparfait : je vêtais, tu vêtais, il vêtait,
nous vêtions, vous vêtiez, ils vêtaient

Passé simple : je vêtis, tu vêtis, il vêtit,
nous vêtîmes, vous vêtîtes, ils vêtirent

Futur simple : je vêtirai, tu vêtiras, il vêtira,
nous vêtirons, vous vêtirez, ils vêtiront

SUBJONCTIF

Présent : que je vête, que tu vêtes, qu'il vête,
que nous vêtions, que vous vêtiez, qu'ils vêtent

Imparfait : que je vêtisse, que tu vêtisses, qu'il vêtît,
que nous vêtissions, que vous vêtissiez, qu'ils vêtissent

IMPÉRATIF

Présent : vêts, vêtons, vêtez

CONDITIONNEL

Présent : je vêtirais, tu vêtirais, il vêtirait,
nous vêtirions, vous vêtiriez, ils vêtiraient

PARTICIPE

Présent : vêtant
Passé : vêtu, vêtue

MOURIR

INDICATIF

Présent : je meurs, tu meurs, il meurt,
nous mourons, vous mourez, ils meurent

Imparfait : je mourais, tu mourais, il mourait,
nous mourions, vous mouriez, ils mouraient

Passé simple : je mourus, tu mourus, il mourut,
nous mourûmes, vous mourûtes, ils moururent

Futur simple : je mourrai, tu mourras, il mourra,
nous mourrons, vous mourrez, ils mourront

SUBJONCTIF

Présent : que je meure, que tu meures, qu'il meure,
que nous mourions, que vous mouriez, qu'ils meurent

Imparfait : que je mourusse, que tu mourusses, qu'il mourût,
que nous mourussions, que vous mourussiez,
qu'ils mourussent

IMPÉRATIF

Présent : meurs, mourons, mourez

CONDITIONNEL

Présent : je mourrais, tu mourrais, il mourrait,
nous mourrions, vous mourriez, ils mourraient

PARTICIPE

Présent : mourant
Passé : mort, morte

35 ACQUÉRIR

INDICATIF

Présent : j'acquiers, tu acquiers, il acquiert,
nous acquérons, vous acquérez, ils acquièrent

Imparfait : j'acquérais, tu acquérais, il acquérait,
nous acquérions, vous acquériez, ils acquéraient

Passé simple : j'acquis, tu acquis, il acquit,
nous acquîmes, vous acquîtes, ils acquirent

Futur simple : j'acquerrai, tu acquerras, il acquerra,
nous acquerrons, vous acquerrez, ils acquerront

SUBJONCTIF

Présent : que j'acquière, que tu acquières, qu'il acquière,
que nous acquérions, que vous acquériez, qu'ils acquièrent

Imparfait : que j'acquisse, que tu acquisses, qu'il acquît,
que nous acquissions, que vous acquissiez,
qu'ils acquissent

IMPÉRATIF

Présent : acquiers, acquérons, acquérez

CONDITIONNEL

Présent : j'acquerrais, tu acquerrais, il acquerrait,
nous acquerrions, vous acquerriez, ils acquerraient

PARTICIPE

Présent : acquérant
Passé : acquis, acquise

VENIR

INDICATIF

Présent : je viens, tu viens, il vient,
nous venons, vous venez, ils viennent
Imparfait : je venais, tu venais, il venait,
nous venions, vous veniez, ils venaient
Passé simple : je vins, tu vins, il vint,
nous vînmes, vous vîntes, ils vinrent
Futur simple : je viendrai, tu viendras, il viendra,
nous viendrons, vous viendrez, ils viendront

SUBJONCTIF

Présent : que je vienne, que tu viennes, qu'il vienne,
que nous venions, que vous veniez, qu'ils viennent
Imparfait : que je vinsse, que tu vinsses, qu'il vînt,
que nous vinssions, que vous vinssiez, qu'ils vinssent

IMPÉRATIF

Présent : viens, venons, venez

CONDITIONNEL

Présent : je viendrais, tu viendrais, il viendrait,
nous viendrions, vous viendriez, ils viendraient

PARTICIPE

Présent : venant
Passé : venu, venue

37 GÉSIR

INDICATIF

Présent : je gis, tu gis, il gît,
nous gisons, vous gisez, ils gisent
Imparfait : je gisais, tu gisais, il gisait,
nous gisions, vous gisiez, ils gisaient

PARTICIPE

Présent : gisant

38 OUÏR

INDICATIF

Présent : j'ois, tu ois, il oit,
nous oyons, vous oyez, ils oient
Imparfait : j'oyais, tu oyais, il oyait,
nous oyions, vous oyiez, ils oyaient
Passé simple : j'ouïs, tu ouïs, il ouït,
nous ouïmes, vous ouïtes, ils ouïrent
Futur simple : j'ouïrai, tu ouïras, il ouïra,
nous ouïrons, vous ouïrez, ils ouïront

SUBJONCTIF

Présent : que j'oie, que tu oies, qu'il oie,
que nous oyions, que vous oyiez, qu'ils oient
Imparfait : que j'ouïsse, que tu ouïsses, qu'il ouït,
que nous ouïssions, que vous ouïssiez, qu'ils ouïssent

IMPÉRATIF

Présent : ois, oyons, oyez

CONDITIONNEL

Présent : j'ouïrais, tu ouïrais, il ouïrait,
nous ouïrions, vous ouïriez, ils ouïraient

PARTICIPE

Présent : oyant
Passé : ouï, ouïe

PLEUVOIR

INDICATIF

Présent : il pleut, ils pleuvent
Imparfait : il pleuvait, ils pleuvaient
Passé simple : il plut, ils plurent
Futur simple : il pleuvra, ils pleuvront

SUBJONCTIF

Présent : qu'il pleuve, qu'ils pleuvent
Imparfait : qu'il plût, qu'ils plussent

IMPÉRATIF

Présent : inusité

CONDITIONNEL

Présent : il pleuvrait, ils pleuvraient

PARTICIPE

Présent : pleuvant
Passé : plu

⑩ POURVOIR

INDICATIF

Présent : je pourvois, tu pourvois, il pourvoit,
nous pourvoyons, vous pourvoyez, ils pourvoient

Imparfait : je pourvoyais, tu pourvoyais, il pourvoyait,
nous pourvoyions, vous pourvoyiez, ils pourvoyaient

Passé simple : je pourvus, tu pourvus, il pourvut,
nous pourvûmes, vous pourvûtes, ils pourvurent

Futur simple : je pourvoirai, tu pourvoiras, il pourvoira,
nous pourvoirons, vous pourvoirez, ils pourvoiront

SUBJONCTIF

Présent : que je pourvoie, que tus pourvoies, qu'il pourvoie,
que nous pourvoyions, que vous pourvoyiez,
qu'ils pourvoient

Imparfait : que je pourvusse, que tu pourvusses, qu'il pourvût,
que nous pourvussions, que vous pourvussiez,
qu'ils pourvussent

IMPÉRATIF

Présent : pourvois, pourvoyons, pourvoyez

CONDITIONNEL

Présent : je pourvoirais, tu pourvoirais, il pourvoirait,
nous pourvoirions, vous pourvoiriez, ils pourvoiraient

PARTICIPE

Présent : pourvoyant
Passé : pourvu, pourvue

㊶ ASSEOIR

INDICATIF

Présent : j'assieds, tu assieds, il assied, nous asseyons, vous asseyez,
ils asseyent, ou, j'assois, tu assois, il assoit,
nous assoyons, vous assoyez, ils assoient

Imparfait : j'asseyais, tu asseyais, il asseyait,
nous asseyions, vous asseyiez, ils asseyaient, ou,
j'assoyais, tu assoyais, il assoyait,
nous assoyions, vous assoyiez, ils assoyaient

Passé simple : j'assis, tu assis, il assit,
nous assîmes, vous assîtes, ils assirent

Futur simple : j'assiérai, tu assiéras, il assiéra,
nous assiérons, vous assiérez, ils assiéront, ou,
j'assoirai, tu assoiras, il assoira,
nous assoirons, vous assoirez, ils assoiront

SUBJONCTIF

Présent : que j'asseye, que tu asseyes, qu'il asseye,
que nous asseyions, que vous asseyiez, qu'ils asseyent, ou,
que j'assoie, que tu assoies, qu'il assoie,
que nous assoyions, que vous assoyiez, qu'ils assoient

Imparfait : que j'assisse, que tu assisses, qu'il assît,
que nous assissions, que vous assissiez, qu'ils assissent

IMPÉRATIF

Présent : assieds ou assois, asseyons ou assoyons,
asseyez ou assoyez

CONDITIONNEL

Présent : j'assiérais, tu assiérais, il assiérait,
nous assiérions, vous assiériez, ils assiéraient, ou,
j'assoirais, tu assoirais, il assoirait,
nous assoirions, vous assoiriez, ils assoiraient

PARTICIPE

Présent : asseyant ou assoyant
Passé : assis, assise

PRÉVOIR

INDICATIF

Présent : je prévois, tu prévois, il prévoit,
nous prévoyons, vous prévoyez, ils prévoient

Imparfait : je prévoyais, tu prévoyais, il prévoyait,
nous prévoyions, vous prévoyiez, ils prévoyaient

Passé simple : je prévis, tu prévis, il prévit,
nous prévîmes, vous prévîtes, ils prévirent

Futur simple : je prévoirai, tu prévoiras, il prévoira,
nous prévoirons, vous prévoirez, ils prévoiront

SUBJONCTIF

Présent : que je prévoie, que tu prévoies, qu'il prévoie,
que nous prévoyions, que vous prévoyiez,
qu'ils prévoient

Imparfait : que je prévisse, que tu prévisses, qu'il prévît,
que nous prévissions, que vous prévissiez, qu'ils prévissent

IMPÉRATIF

Présent : prévois, prévoyons, prévoyez

CONDITIONNEL

Présent : je prévoirais, tu prévoirais, il prévoirait,
nous prévoirions, vous prévoiriez, ils prévoiraient

PARTICIPE

Présent : prévoyant
Passé : prévu, prévue

 ## MOUVOIR

INDICATIF

Présent : je meus, tu meus, il meut,
nous mouvons, vous mouvez, ils meuvent

Imparfait : je mouvais, tu mouvais, il mouvait,
nous mouvions, vous mouviez, ils mouvaient

Passé simple : je mus, tu mus, il mut,
nous mûmes, vous mûtes, ils murent

Futur simple : je mouvrai, tu mouvras, il mouvra,
nous mouvrons, vous mouvrez, ils mouvront

SUBJONCTIF

Présent : que je meuve, que tu meuves, qu'il meuve,
que nous mouvions, que vous mouviez, qu'ils meuvent

Imparfait : que je musse, que tu musses, qu'il mût,
que nous mussions, que vous mussiez, qu'ils mussent

IMPÉRATIF

Présent : meus, mouvons, mouvez

CONDITIONNEL

Présent : je mouvrais, tu mouvrais, il mouvrait,
nous mouvrions, vous mouvriez, ils mouvraient

PARTICIPE

Présent : mouvant
Passé : mû, mue

DEVOIR

INDICATIF

Présent : je dois, tu dois, il doit,
nous devons, vous devez, ils doivent

Imparfait : je devais, tu devais, il devait,
nous devions, vous deviez, ils devaient

Passé simple : je dus, tu dus, il dut,
nous dûmes, vous dûtes, ils durent

Futur simple : je devrai, tu devras, il devra,
nous devrons, vous devrez, ils devront

SUBJONCTIF

Présent : que je doive, que tu doives, qu'il doive,
que nous devions, que vous deviez, qu'ils doivent

Imparfait : que je dusse, que tu dusses, qu'il dût,
que nous dussions, que vous dussiez, qu'ils dussent

IMPÉRATIF

Présent : dois, devons, devez

CONDITIONNEL

Présent : je devrais, tu devrais, il devrait,
nous devrions, vous devriez, ils devraient

PARTICIPE

Présent : devant
Passé : dû, due

VALOIR

INDICATIF

Présent : je vaux, tu vaux, il vaut,
nous valons, vous valez, ils valent
Imparfait : je valais, tu valais, il valait,
nous valions, vous valiez, ils valaient
Passé simple : je valus, tu valus, il valut,
nous valûmes, vous valûtes, ils valurent
Futur simple : je vaudrai, tu vaudras, il vaudra,
nous vaudrons, vous vaudrez, ils vaudront

SUBJONCTIF

Présent : que je vaille, que tu vailles, qu'il vaille,
que nous valions, que vous valiez, qu'ils vaillent
Imparfait : que je valusse, que tu valusses, qu'il valût,
que nous valussions, que vous valussiez, qu'ils valussent

IMPÉRATIF

Présent : vaux, valons, valez

CONDITIONNEL

Présent : je vaudrais, tu vaudrais, il vaudrait,
nous vaudrions, vous vaudriez, ils vaudraient

PARTICIPE

Présent : valant
Passé : valu, value

VOIR

INDICATIF

Présent : je vois, tu vois, il voit,
nous voyons, vous voyez, ils voient
Imparfait : je voyais, tu voyais, il voyait,
nous voyions, vous voyiez, ils voyaient
Passé simple : je vis, tu vis, il vit,
nous vîmes, vous vîtes, ils virent
Futur simple : je verrai, tu verras, il verra,
nous verrons, vous verrez, ils verront

SUBJONCTIF

Présent : que je voie, que tu voies, qu'il voie,
que nous voyions, que vous voyiez, qu'ils voient
Imparfait : que je visse, que tu visses, qu'il vît,
que nous vissions, que vous vissiez, qu'ils vissent

IMPÉRATIF

Présent : vois, voyons, voyez

CONDITIONNEL

Présent : je verrais, tu verrais, il verrait,
nous verrions, vous verriez, ils verraient

PARTICIPE

Présent : voyant
Passé : vu, vue

47 SAVOIR

INDICATIF

Présent : je sais, tu sais, il sait,
nous savons, vous savez, ils savent
Imparfait : je savais, tu savais, il savait,
nous savions, vous saviez, ils savaient
Passé simple : je sus, tu sus, il sut,
nous sûmes, vous sûtes, ils surent
Futur simple : je saurai, tu sauras, il saura,
nous saurons, vous saurez, ils sauront

SUBJONCTIF

Présent : que je sache, que tu saches, qu'il sache,
que nous sachions, que vous sachiez, qu'ils sachent
Imparfait : que je susse, que tu susses, qu'il sût,
que nous sussions, que vous sussiez, qu'ils sussent

IMPÉRATIF

Présent : sache, sachons, sachez

CONDITIONNEL

Présent : je saurais, tu saurais, il saurait,
nous saurions, vous sauriez, ils sauraient

PARTICIPE

Présent : sachant
Passé : su, sue

48 VOULOIR

INDICATIF

Présent : je veux, tu veux, il veut,
nous voulons, vous voulez, ils veulent
Imparfait : je voulais, tu voulais, il voulait,
nous voulions, vous vouliez, ils voulaient

Passé simple : je voulus, tu voulus, il voulut,
nous voulûmes, vous voulûtes, ils voulurent

Futur simple : je voudrai, tu voudras, il voudra,
nous voudrons, vous voudrez, ils voudront

SUBJONCTIF

Présent : que je veuille, que tu veuilles, qu'il veuille,
que nous voulions, que vous vouliez, qu'ils veuillent

Imparfait : que je voulusse, que tu voulusses, qu'il voulût,
que nous voulussions, que vous voulussiez,
qu'ils voulussent

IMPÉRATIF

Présent : veux (veuille), voulons, voulez (veuillez)

CONDITIONNEL

Présent : je voudrais, tu voudrais, il voudrait,
nous voudrions, vous voudriez, ils voudraient

PARTICIPE

Présent : voulant
Passé : voulu, voulue

POUVOIR 49

INDICATIF

Présent : je peux (puis), tu peux, il peut,
nous pouvons, vous pouvez, ils peuvent

Imparfait : je pouvais, tu pouvais, il pouvait,
nous pouvions, vous pouviez, ils pouvaient

Passé simple : je pus, tu pus, il put,
nous pûmes, vous pûtes, ils purent

Futur simple : je pourrai, tu pourras, il pourra,
nous pourrons, vous pourrez, ils pourront

SUBJONCTIF

Présent : que je puisse, que tu puisses, qu'il puisse,
que nous puissions, que vous puissiez, qu'ils puissent
Imparfait : que je pusse, que tu pusses, qu'il pût,
que nous pussions, que vous pussiez, qu'ils pussent

IMPÉRATIF

(pas d'impératif)

CONDITIONNEL

Présent : je pourrais, tu pourrais, il pourrait, nous pourrions,
vous pourriez, ils pourraient

PARTICIPE

Présent : pouvant
Passé : pu

50 FALLOIR

INDICATIF

Présent : il faut
Imparfait : il fallait
Passé simple : il fallut
Futur simple : il faudra

SUBJONCTIF

Présent : qu'il faille
Imparfait : qu'il fallût

IMPÉRATIF

(pas d'impératif)

CONDITIONNEL

Présent : il faudrait

DÉCHOIR (51)

INDICATIF

Présent : je déchois, tu déchois, il déchoit ou il déchet, nous déchoyons, vous déchoyez, ils déchoient

Imparfait : inusité

Passé simple : je déchus, tu déchus, il déchut, nous déchûmes, vous déchûtes, ils déchurent

Futur simple : je déchoirai, tu déchoiras, il déchoira, nous déchoirons, vous déchoirez, ils déchoiront, ou, je décherrai, tu décherras, il décherra, nous décherrons, vous décherrez, ils décherront

SUBJONCTIF

Présent : que je déchoie, que tu déchoies, qu'il déchoie, que nous déchoyions, que vous déchoyiez, qu'ils déchoient

Imparfait : que je déchusse, que tu déchusses, qu'il déchût, que nous déchussions, que vous déchussiez, qu'ils déchussent

IMPÉRATIF

Présent : inusité

CONDITIONNEL

Présent : je déchoirais, tu déchoirais, il déchoirait, nous déchoirions, vous déchoiriez, ils déchoiraient, ou, je décherrais, tu décherrais, il décherrait, nous décherrions, vous décherriez, ils décherraient

PARTICIPE

Passé : déchu

52 PRENDRE

INDICATIF

Présent : je prends, tu prends, il prend, nous prenons, vous prenez, ils prennent

Imparfait : je prenais, tu prenais, il prenait, nous prenions, vous preniez, ils prenaient

Passé simple : je pris, tu pris, il prit, nous prîmes, vous prîtes, ils prirent

Futur simple : je prendrai, tu prendras, il prendra, nous prendrons, vous prendrez, ils prendront

SUBJONCTIF

Présent : que je prenne, que tu prennes, qu'il prenne, que nous prenions, que vous preniez, qu'ils prennent

Imparfait : que je prisse, que tu prisses, qu'il prît, que nous prissions, que vous prissiez, qu'ils prissent

IMPÉRATIF

Présent : prends, prenons, prenez

CONDITIONNEL

Présent : je prendrais, tu prendrais, il prendrait, nous prendrions, vous prendriez, ils prendraient

PARTICIPE

Présent : prenant
Passé : pris, prise

ROMPRE

INDICATIF

Présent : je romps, tu romps, il rompt, nous rompons, vous rompez, ils rompent
Imparfait : je rompais, tu rompais, il rompait, nous rompions, vous rompiez, ils rompaient
Passé simple : je rompis, tu rompis, il rompit, nous rompîmes, vous rompîtes, ils rompirent
Futur simple : je romprai, tu rompras, il rompra, nous romprons, vous romprez, ils rompront

SUBJONCTIF

Présent : que je rompe, que tu rompes, qu'il rompe, que nous rompions, que vous rompiez, qu'ils rompent
Imparfait : que je rompisse, que tu rompisses, qu'il rompît, que nous rompissions, que vous rompissiez, qu'ils rompissent

IMPÉRATIF

Présent : romps, rompons, rompez

CONDITIONNEL

Présent : je romprais, tu romprais, il romprait, nous romprions, vous rompriez, ils rompraient

PARTICIPE

Présent : rompant
Passé : rompu, rompue

CRAINDRE

INDICATIF

Présent : je crains, tu crains, il craint, nous craignons, vous craignez, ils craignent
Imparfait : je craignais, tu craignais, il craignait, nous craignions, vous craigniez, ils craignaient
Passé simple : je craignis, tu craignis, il craignit, nous craignîmes, vous craignîtes, ils craignirent
Futur simple : je craindrai, tu craindras, il craindra, nous craindrons, vous craindrez, ils craindront

SUBJONCTIF

Présent : que je craigne, que tu craignes, qu'il craigne, que nous craignions, que vous craigniez, qu'ils craignent
Imparfait : que je craignisse, que tu craignisses, qu'il craignît, que nous craignissions, que vous craignissiez, qu'ils craignissent

IMPÉRATIF

Présent : crains, craignons, craignez

CONDITIONNEL

Présent : je craindrais, tu craindrais, il craindrait, nous craindrions, vous craindriez, ils craindraient

PARTICIPE

Présent : craignant
Passé : craint, crainte

PEINDRE

INDICATIF

Présent : je peins, tu peins, il peint, nous peignons, vous peignez, ils peignent

Imparfait : je peignais, tu peignais, il peignait, nous peignions, vous peigniez, ils peignaient

Passé simple : je peignis, tu peignis, il peignit, nous peignîmes, vous peignîtes, ils peignirent

Futur simple : je peindrai, tu peindras, il peindra, nous peindrons, vous peindrez, ils peindront

SUBJONCTIF

Présent : que je peigne, que tu peignes, qu'il peigne, que nous peignions, que vous peigniez, qu'ils peignent

Imparfait : que je peignisse, que tu peignisses, qu'il peignît, que nous peignissions, que vous peignissiez, qu'ils peignissent

IMPÉRATIF

Présent : peins, peignons, peignez

CONDITIONNEL

Présent : je peindrais, tu peindrais, il peindrait, nous peindrions, vous peindriez, ils peindraient

PARTICIPE

Présent : peignant
Passé : peint, peinte

56 JOINDRE

INDICATIF

Présent : je joins, tu joins, il joint, nous joignons, vous joignez, ils joignent

Imparfait : je joignais, tu joignais, il joignait, nous joignions, vous joigniez, ils joignaient

Passé simple : je joignis, tu joignis, il joignit, nous joignîmes, vous joignîtes, ils joignirent

Futur simple : je joindrai, tu joindras, il joindra, nous joindrons, vous joindrez, ils joindront

SUBJONCTIF

Présent : que je joigne, que tu joignes, qu'il joigne, que nous joignions, que vous joigniez, qu'ils joignent

Imparfait : que je joignisse, que tu joignisses, qu'il joignît, que nous joignissions, que vous joignissiez, qu'ils joignissent

IMPÉRATIF

Présent : joins, joignons, joignez

CONDITIONNEL

Présent : je joindrais, tu joindrais, il joindrait, nous joindrions, vous joindriez, ils joindraient

PARTICIPE

Présent : joignant
Passé : joint, jointe

VAINCRE 57

INDICATIF

Présent : je vaincs, tu vaincs, il vainc, nous vainquons, vous vainquez, ils vainquent

Imparfait : je vainquais, tu vainquais, il vainquait, nous vainquions, vous vainquiez, ils vainquaient

Passé simple : je vainquis, tu vainquis, il vainquit, nous vainquîmes, vous vainquîtes, ils vainquirent

Futur simple : je vaincrai, tu vaincras, il vaincra, nous vaincrons, vous vaincrez, ils vaincront

SUBJONCTIF

Présent : que je vainque, que tu vainques, qu'il vainque, que nous vainquions, que vous vainquiez, qu'ils vainquent

Imparfait : que je vainquisse, que tu vainquisses, qu'il vainquît, que nous vainquissions, que vous vainquissiez, qu'ils vainquissent

IMPÉRATIF

Présent : vaincs, vainquons, vainquez

CONDITIONNEL

Présent : je vaincrais, tu vaincrais, il vaincrait, nous vaincrions, vous vaincriez, ils vaincraient

PARTICIPE

Présent : vainquant
Passé : vaincu, vaincue

58 TRAIRE

INDICATIF

Présent : je trais, tu trais, il trait, nous trayons, vous trayez, ils traient

Imparfait : je trayais, tu trayais, il trayait, nous trayions, vous trayiez, ils trayaient

Futur simple : je trairai, tu trairas, il traira, nous trairons, vous trairez, ils trairont

SUBJONCTIF

Présent : que je traie, que tu traies, qu'il traie, que nous trayions, que vous trayiez, qu'ils traient

IMPÉRATIF

Présent : trais, trayons, trayez

CONDITIONNEL

Présent : je trairais, tu trairais, il trairait, nous trairions, vous trairiez, ils trairaient

PARTICIPE

Présent : trayant
Passé : trait, traite

59 PLAIRE

INDICATIF

Présent : je plais, tu plais, il plait, nous plaisons, vous plaisez, ils plaisent

Imparfait : je plaisais, tu plaisais, il plaisait, nous plaisions, vous plaisiez, ils plaisaient

Passé simple : je plus, tu plus, il plut, nous plûmes, vous plûtes, ils plurent

Futur simple : je plairai, tu plairas, il plaira, nous plairons, vous plairez, ils plairont

SUBJONCTIF

Présent : que je plaise, que tu plaises, qu'il plaise, que nous plaisions, que vous plaisiez, qu'ils plaisent
Imparfait : que je plusse, que tu plusses, qu'il plût, que nous plussions, que vous plussiez, qu'ils plussent

IMPÉRATIF

Présent : plais, plaisons, plaisez

CONDITIONNEL

Présent : je plairais, tu plairais, il plairait, nous plairions, vous plairiez, ils plairaient

PARTICIPE

Présent : plaisant
Passé : plu

METTRE (60)

INDICATIF

Présent : je mets, tu mets, il met, nous mettons, vous mettez, ils mettent
Imparfait : je mettais, tu mettais, il mettait, nous mettions, vous mettiez, ils mettaient
Passé simple : je mis, tu mis, il mit, nous mîmes, vous mîtes, ils mirent
Futur simple : je mettrai, tu mettras, il mettra, nous mettrons, vous mettrez, ils mettront

SUBJONCTIF

Présent : que je mette, que tu mettes, qu'il mette, que nous mettions, que vous mettiez, qu'ils mettent

Imparfait : que je misse, que tu misses, qu'il mît, que nous missions, que vous missiez, qu'ils missent

IMPÉRATIF

Présent : mets, mettons, mettez

CONDITIONNEL

Présent : je mettrais, tu mettrais, il mettrait, nous mettrions, vous mettriez, ils mettraient

PARTICIPE

Présent : mettant
Passé : mis, mise

61 BATTRE

INDICATIF

Présent : je bats, tu bats, il bat, nous battons, vous battez, ils battent

Imparfait : je battais, tu battais, il battait, nous battions, vous battiez, ils battaient

Passé simple : je battis, tu battis, il battit, nous battîmes, vous battîtes, ils battirent

Futur simple : je battrai, tu battras, il battra, nous battrons, vous battrez, ils battront

SUBJONCTIF

Présent : que je batte, que tu battes, qu'il batte, que nous battions, que vous battiez, qu'ils battent

Imparfait : que je battisse, que tu battisses, qu'il battît, que nous battissions, que vous battissiez, qu'ils battissent

IMPÉRATIF

Présent : bats, battons, battez

CONDITIONNEL

Présent : je battrais, tu battrais, il battrait, nous battrions, vous battriez, ils battraient

PARTICIPE

Présent : battant
Passé : battu, battue

SUIVRE

INDICATIF

Présent : je suis, tu suis, il suit, nous suivons, vous suivez, ils suivent
Imparfait : je suivais, tu suivais, il suivait, nous suivions, vous suiviez, ils suivaient
Passé simple : je suivis, tu suivis, il suivit, nous suivîmes, vous suivîtes, ils suivirent
Futur simple : je suivrai, tu suivras, il suivra, nous suivrons, vous suivrez, ils suivront

SUBJONCTIF

Présent : que je suive, que tu suives, qu'il suive, que nous suivions, que vous suiviez, qu'ils suivent
Imparfait : que je suivisse, que tu suivisses, qu'il suivît, que nous suivissions, que vous suivissiez, qu'ils suivissent

IMPÉRATIF

Présent : suis, suivons, suivez

CONDITIONNEL

Présent : je suivrais, tu suivrais, il suivrait, nous suivrions, vous suivriez, ils suivraient

PARTICIPE

Présent : suivant
Passé : suivi, suivie

 ## VIVRE

INDICATIF

Présent : je vis, tu vis, il vit, nous vivons, vous vivez, ils vivent
Imparfait : je vivais, tu vivais, il vivait, nous vivions, vous viviez, ils vivaient
Passé simple : je vécus, tu vécus, il vécut, nous vécûmes, vous vécûtes, ils vécurent
Futur simple : je vivrai, tu vivras, il vivra, nous vivrons, vous vivrez, ils vivront

SUBJONCTIF

Présent : que je vive, que tu vives, qu'il vive, que nous vivions, que vous viviez, qu'ils vivent
Imparfait : que je vécusse, que tu vécusses, qu'il vécût, que nous vécussions, que vous vécussiez, qu'ils vécussent

IMPÉRATIF

Présent : vis, vivons, vivez

CONDITIONNEL

Présent : je vivrais, tu vivrais, il vivrait, nous vivrions, vous vivriez, ils vivraient

PARTICIPE

Présent : vivant
Passé : vécu

SUFFIRE

INDICATIF

Présent : je suffis, tu suffis, il suffit, nous suffisons, vous suffisez, ils suffisent

Imparfait : je suffisais, tu suffisais, il suffisait, nous suffisions, vous suffisiez, ils suffisaient

Passé simple : je suffis, tu suffis, il suffit, nous suffîmes, vous suffîtes, ils suffirent

Futur simple : je suffirai, tu suffiras, il suffira, nous suffirons, vous suffirez, ils suffiront

SUBJONCTIF

Présent : que je suffise, que tu suffises, qu'il suffise, que nous suffisions, que vous suffisiez, qu'ils suffisent

Imparfait : que je suffisse, que tu suffisses, qu'il suffît, que nous suffissions, que vous suffissiez, qu'ils suffissent

IMPÉRATIF

Présent : suffis, suffisons, suffisez

CONDITIONNEL

Présent : je suffirais, tu suffirais, il suffirait, nous suffirions, vous suffiriez, ils suffiraient

PARTICIPE

Présent : suffisant
Passé : suffi

65 MÉDIRE

INDICATIF

Présent : je médis, tu médis, il médit, nous médisons, vous médisez, ils médisent

Imparfait : je médisais, tu médisais, il médisait, nous médisions, vous médisiez, ils médisaient

Passé simple : je médis, tu médis, il médit, nous médîmes, vous médîtes, ils médirent

Futur simple : je médirai, tu médiras, il médira, nous médirons, vous médirez, ils médiront

SUBJONCTIF

Présent : que je médise, que tu médises, qu'il médise, que nous médisions, que vous médisiez, qu'ils médisent

Imparfait : que je médisse, que tu médisses, qu'il médît, que nous médissions, que vous médissiez, qu'ils médissent

IMPÉRATIF

Présent : médis, médisons, médisez

CONDITIONNEL

Présent : je médirais, tu médirais, il médirait, nous médirions, vous médiriez, ils médiraient

PARTICIPE

Présent : médisant
Passé : médit, médite

LIRE

INDICATIF

Présent : je lis, tu lis, il lit, nous lisons, vous lisez, ils lisent
Imparfait : je lisais, tu lisais, il lisait, nous lisions, vous lisiez, ils lisaient
Passé simple : je lus, tu lus, il lut, nous lûmes, vous lûtes, ils lurent
Futur simple : je lirai, tu liras, il lira, nous lirons, vous lirez, ils liront

SUBJONCTIF

Présent : que je lise, que tu lises, qu'il lise, que nous lisions, que vous lisiez, qu'ils lisent
Imparfait : que je lusse, que tu lusses, qu'il lût, que nous lussions, que vous lussiez, qu'ils lussent

IMPÉRATIF

Présent : lis, lisons, lisez

CONDITIONNEL

Présent : je lirais, tu lirais, il lirait, nous lirions, vous liriez, ils liraient

PARTICIPE

Présent : lisant
Passé : lu, lue

ÉCRIRE

INDICATIF

Présent : j'écris, tu écris, il écrit, nous écrivons, vous écrivez, ils écrivent
Imparfait : j'écrivais, tu écrivais, il écrivait, nous écrivions, vous écriviez, ils écrivaient

Passé simple : j'écrivis, tu écrivis, il écrivit, nous écrivîmes, vous écrivîtes, ils écrivirent

Futur simple : j'écrirai, tu écriras, il écrira, nous écrirons, vous écrirez, ils écriront

SUBJONCTIF

Présent : que j'écrive, que tu écrives, qu'il écrive, que nous écrivions, que vous écriviez, qu'ils écrivent

Imparfait : que j'écrivisse, que tu écrivisses, qu'il écrivît, que nous écrivissions, que vous écrivissiez, qu'ils écrivissent

IMPÉRATIF

Présent : écris, écrivons, écrivez
Passé : aie écrit, ayons écrit, ayez écrit

CONDITIONNEL

Présent : j'écrirais, tu écrirais, il écrirait, nous écririons, vous écririez, ils écriraient

PARTICIPE

Présent : écrivant
Passé : écrit, écrite

RIRE

INDICATIF

Présent : je ris, tu ris, il rit, nous rions, vous riez, ils rient
Imparfait : je riais, tu riais, il riait, nous riions, vous riiez, ils riaient
Passé simple : je ris, tu ris, il rit, nous rîmes, vous rîtes, ils rirent
Futur simple : je rirai, tu riras, il rira, nous rirons, vous rirez, ils riront

SUBJONCTIF

Présent : que je rie, que tu ries, qu'il rie, que nous riions, que vous riiez, qu'ils rient

Imparfait : que je risse, que tu risses, qu'il rît, que nous rissions, que vous rissiez, qu'ils rissent

IMPÉRATIF

Présent : ris, rions, riez

CONDITIONNEL

Présent : je rirais, tu rirais, il rirait, nous ririons, vous ririez, ils riraient

PARTICIPE

Présent : riant
Passé : ri

CONDUIRE

INDICATIF

Présent : je conduis, tu conduis, il conduit, nous conduisons, vous conduisez, ils conduisent

Imparfait : je conduisais, tu conduisais, il conduisait, nous conduisions, vous conduisiez, ils conduisaient

Passé simple : je conduisis, tu conduisis, il conduisit, nous conduisîmes, vous conduisîtes, ils conduisirent

Futur simple : je conduirai, tu conduiras, il conduira, nous conduirons, vous conduirez, ils conduiront

SUBJONCTIF

Présent : que je conduise, que tu conduises, qu'il conduise, que nous conduisions, que vous conduisiez, qu'ils conduisent

Imparfait : que je conduisisse, que tu conduisisses, qu'il conduisît, que nous conduisissions, que vous conduisissiez, qu'ils conduisissent

IMPÉRATIF

Présent : conduis, conduisons, conduisez

CONDITIONNEL

Présent : je conduirais, tu conduirais, il conduirait, nous conduirions, vous conduiriez, ils conduiraient

PARTICIPE

Présent : conduisant
Passé : conduit, conduite

BOIRE

INDICATIF

Présent : je bois, tu bois, il boit, nous buvons, vous buvez, ils boivent
Imparfait : je buvais, tu buvais, il buvait, nous buvions, vous buviez, ils buvaient
Passé simple : je bus, tu bus, il but, nous bûmes, vous bûtes, ils burent
Futur simple : je boirai, tu boiras, il boira, nous boirons, vous boirez, ils boiront

SUBJONCTIF

Présent : que je boive, que tu boives, qu'il boive, que nous buvions, que vous buviez, qu'ils boivent
Imparfait : que je busse, que tu busses, qu'il bût, que nous bussions, que vous bussiez, qu'ils bussent

IMPÉRATIF

Présent : bois, buvons, buvez

CONDITIONNEL

Présent : je boirais, tu boirais, il boirait, nous boirions, vous boiriez, ils boiraient

PARTICIPE

Présent : buvant
Passé : bu, bue

CROIRE

INDICATIF

Présent : je crois, tu crois, il croit, nous croyons, vous croyez, ils croient
Imparfait : je croyais, tu croyais, il croyait, nous croyions, vous croyiez, ils croyaient
Passé simple : je crus, tu crus, il crut, nous crûmes, vous crûtes, ils crurent
Futur simple : je croirai, tu croiras, il croira, nous croirons, vous croirez, ils croiront

SUBJONCTIF

Présent : que je croie, que tu croies, qu'il croie, que nous croyions, que vous croyiez, qu'ils croient
Imparfait : que je crusse, que tu crusses, qu'il crût, que nous crussions, que vous crussiez, qu'ils crussent

IMPÉRATIF

Présent : crois, croyons, croyez

CONDITIONNEL

Présent : je croirais, tu croirais, il croirait, nous croirions, vous croiriez, ils croiraient

PARTICIPE

Présent : croyant
Passé : cru, crue

72 — CROÎTRE

INDICATIF

Présent : je croîs, tu croîs, il croît, nous croissons, vous croissez, ils croissent
Imparfait : je croissais, tu croissais, il croissait, nous croissions, vous croissiez, ils croissaient
Passé simple : je crûs, tu crûs, il crût, nous crûmes, vous crûtes, ils crûrent
Futur simple : je croîtrai, tu croîtras, il croîtra, nous croîtrons, vous croîtrez, ils croîtront

SUBJONCTIF

Présent : que je croisse, que tu croisses, qu'il croisse, que nous croissions, que vous croissiez, qu'ils croissent
Imparfait : que je crûsse, que tu crûsses, qu'il crût, que nous crûssions, que vous crûssiez, qu'ils crûssent

IMPÉRATIF

Présent : croîs, croissons, croissez

CONDITIONNEL

Présent : je croîtrais, tu croîtrais, il croîtrait, nous croîtrions, vous croîtriez, ils croîtraient

PARTICIPE

Présent : croissant
Passé : crû

CONNAÎTRE

INDICATIF

Présent : je connais, tu connais, il connait, nous connaissons, vous connaissez, ils connaissent

Imparfait : je connaissais, tu connaissais, il connaissait, nous connaissions, vous connaissiez, ils connaissaient

Passé simple : je connus, tu connus, il connut, nous connûmes, vous connûtes, ils connurent

Futur simple : je connaîtrai, tu connaîtras, il connaîtra, nous connaîtrons, vous connaîtrez, ils connaîtront

SUBJONCTIF

Présent : que je connaisse, que tu connaisses, qu'il connaisse, que nous connaissions, que vous connaissiez, qu'ils connaissent

Imparfait : que je connusse, que tu connusses, qu'il connût, que nous connussions, que vous connussiez, qu'ils connussent

IMPÉRATIF

Présent : connais, connaissons, connaissez

CONDITIONNEL

Présent : je connaîtrais, tu connaîtrais, il connaîtrait, nous connaîtrions, vous connaîtriez, ils connaîtraient

PARTICIPE

Présent : connaissant
Passé : connu, connue

74 NAÎTRE

INDICATIF

Présent : je nais, tu nais, il nait, nous naissons, vous naissez, ils naissent
Imparfait : je naissais, tu naissais, il naissait, nous naissions, vous naissiez, ils naissaient
Passé simple : je naquis, tu naquis, il naquit, nous naquîmes, vous naquîtes, ils naquirent
Futur simple : je naîtrai, tu naîtras, il naîtra, nous naîtrons, vous naîtrez, ils naîtront

SUBJONCTIF

Présent : que je naisse, que tu naisses, qu'il naisse, que nous naissions, que vous naissiez, qu'ils naissent
Imparfait : que je naquisse, que tu naquisses, qu'il naquît, que nous naquissions, que vous naquissiez, qu'ils naquissent

IMPÉRATIF

Présent : nais, naissons, naissez

CONDITIONNEL

Présent : je naîtrais, tu naîtrais, il naîtrait, nous naîtrions, vous naîtriez, ils naîtraient

PARTICIPE

Présent : naissant
Passé : né, née

RÉSOUDRE

INDICATIF

Présent : je résous, tu résous, il résout, nous résolvons, vous résolvez, ils résolvent

Imparfait : je résolvais, tu résolvais, il résolvait, nous résolvions, vous résolviez, ils résolvaient

Passé simple : je résolus, tu résolus, il résolut, nous résolûmes, vous résolûtes, ils résolurent

Futur simple : je résoudrai, tu résoudras, il résoudra, nous résoudrons, vous résoudrez, ils résoudront

SUBJONCTIF

Présent : que je résolve, que tu résolves, qu'il résolve, que nous résolvions, que vous résolviez, qu'ils résolvent

Imparfait : que je résolusse, que tu résolusses, qu'il résolût, que nous résolussions, que vous résolussiez, qu'ils résolussent

IMPÉRATIF

Présent : résous, résolvons, résolvez

CONDITIONNEL

Présent : je résoudrais, tu résoudrais, il résoudrait, nous résoudrions, vous résoudriez, ils résoudraient

PARTICIPE

Présent : résolvant
Passé : résolu, résolue

76 COUDRE

INDICATIF

Présent : je couds, tu couds, il coud, nous cousons, vous cousez, ils cousent

Imparfait : je cousais, tu cousais, il cousait, nous cousions, vous cousiez, ils cousaient

Passé simple : je cousis, tu cousis, il cousit, nous cousîmes, vous cousîtes, ils cousirent

Futur simple : je coudrai, tu coudras, il coudra, nous coudrons, vous coudrez, ils coudront

SUBJONCTIF

Présent : que je couse, que tu couses, qu'il couse, que nous cousions, que vous cousiez, qu'ils cousent

Imparfait : que je cousisse, que tu cousisses, qu'il cousît, que nous cousissions, que vous cousissiez, qu'ils cousissent

IMPÉRATIF

Présent : couds, cousons, cousez

CONDITIONNEL

Présent : je coudrais, tu coudrais, il coudrait, nous coudrions, vous coudriez, ils coudraient

PARTICIPE

Présent : cousant
Passé : cousu, cousue

MOUDRE

INDICATIF

Présent : je mouds, tu mouds, il moud, nous moulons, vous moulez, ils moulent

Imparfait : je moulais, tu moulais, il moulait, nous moulions, vous mouliez, ils moulaient

Passé simple : je moulus, tu moulus, il moulut, nous moulûmes, vous moulûtes, ils moulurent

Futur simple : je moudrai, tu moudras, il moudra, nous moudrons, vous moudrez, ils moudront

SUBJONCTIF

Présent : que je moule, que tu moules, qu'il moule, que nous moulions, que vous mouliez, qu'ils moulent

Imparfait : que je moulusse, que tu moulusses, qu'il moulût, que nous moulussions, que vous moulussiez, qu'ils moulussent

IMPÉRATIF

Présent : mouds, moulons, moulez

CONDITIONNEL

Présent : je moudrais, tu moudrais, il moudrait, nous moudrions, vous moudriez, ils moudraient

PARTICIPE

Présent : moulant
Passé : moulu, moulue

(78) CONCLURE

INDICATIF

Présent : je conclus, tu conclus, il conclut, nous concluons, vous concluez, ils concluent

Imparfait : je concluais, tu concluais, il concluait, nous concluions, vous concluiez, ils concluaient

Passé simple : je conclus, tu conclus, il conclut, nous conclûmes, vous conclûtes, ils conclurent

Futur simple : je conclurai, tu concluras, il conclura, nous conclurons, vous conclurez, ils concluront

SUBJONCTIF

Présent : que je conclue, que tu conclues, qu'il conclue, que nous concluions, que vous concluiez, qu'ils concluent

Imparfait : que je conclusse, que tu conclusses, qu'il conclût, que nous conclussions, que vous conclussiez, qu'ils conclussent

IMPÉRATIF

Présent : conclus, concluons, concluez

CONDITIONNEL

Présent : je conclurais, tu conclurais, il conclurait, nous conclurions, vous concluriez, ils concluraient

PARTICIPE

Présent : concluant
Passé : conclu, conclue

CLORE

INDICATIF

Présent : je clos, tu clos, il clôt, ils closent
Futur simple : je clorai, tu cloras, il clora, nous clorons, vous clorez, ils cloront

SUBJONCTIF

Présent : que je close, que tu closes, qu'il close, que nous closions, que vous closiez, qu'ils closent

IMPÉRATIF

Présent : clos

CONDITIONNEL

Présent : je clorais, tu clorais, il clorait, nous clorions, vous cloriez, ils cloraient

PARTICIPE

Présent : closant
Passé : clos, close

MAUDIRE

INDICATIF

Présent : je maudis, tu maudis, il maudit, nous maudissons, vous maudissez, ils maudissent
Imparfait : je maudissais, tu maudissais, il maudissait, nous maudissions, vous maudissiez, ils maudissaient
Passé simple : je maudis, tu maudis, il maudit, nous maudîmes, vous maudîtes, ils maudirent
Futur simple : je maudirai, tu maudiras, il maudira, nous maudirons, vous maudirez, ils maudiront

SUBJONCTIF

Présent : que je maudisse, que tu maudisses, qu'il maudisse, que nous maudissions, que vous maudissiez, qu'ils maudissent

Imparfait : que je maudisse, que tu maudisses, qu'il maudît, que nous maudissions, que vous maudissiez, qu'ils maudissent

IMPÉRATIF

Présent : maudis, maudissons, maudissez

CONDITIONNEL

Présent : je maudirais, tu maudirais, il maudirait, nous maudirions, vous maudiriez, ils maudiraient

PARTICIPE

Présent : maudissant
Passé : maudit, ite